Mein Häkelmuster

Fräulein Lambert

Writat

Diese Ausgabe erschien im Jahr 2024

ISBN: 9789359942698

Herausgegeben von
Writat
E-Mail: info@writat.com

Inhalt

VORWORT.

Die folgenden Seiten enthalten eine Auswahl von Mustern, die für fast jeden Zweck geeignet sind, für den die Kunst des Häkelns anwendbar ist – sei es als nützliche oder dekorative Arbeit. Viele der Muster wurden eigens für diese kleine Abhandlung entworfen; andere wurden als sehr wirkungsvoll aus dem Kapitel über Häkeln in „ THE HAND-BOOK OF NEEDLEWORK " ausgewählt; die Muster, die aus letzterem entnommen wurden, wurden jedoch neu graviert.

In den Anleitungen zum Arbeiten der verschiedenen Designs wurde der Plan übernommen, den die Autorin (und anscheinend mit Erfolg) in ihren Strickbüchern verfolgt. Sie hat auf Einfachheit abgezielt und so wenige Wörter wie möglich verwendet, um eine klare Erklärung des Themas zu ermöglichen.

Die Aufnahme von „ MEIN STRICKBUCH " als Abhandlung, die sich von anderen Beschreibungen dekorativer Handarbeiten abhebt, ließ sie annehmen, dass ein eigenständiges Werk über die verwandte Kunst des Häkelns ebenso gut ankommen könnte. Und die Veröffentlichung von „ DAS NEUE HAKELBUCH VON MISS LAMBERT " – einer wörtlichen Übersetzung des vorliegenden Bandes mit seinen Kupferstichen – beweist, dass es sogar in Deutschland, einem Land, das die Erfindung dieser Kunst für sich beansprucht, einige Aufmerksamkeit erregt hat.

3, NEW BURLINGTON STREET,
REGENT STREET.

MEIN HÄKELMUSTER.

Einführung.

Häkeln – eine ursprünglich von den Bauern in Schottland praktizierte Strickart mit einer kleinen Hakennadel, die als Hirtenhaken bezeichnet wird – hat sich in den letzten sieben Jahren, begünstigt durch Geschmack und Mode, gegenüber allen anderen Zierarbeiten ähnlicher Art durchgesetzt. Seinen heutigen Namen hat es aus dem Französischen; das Werkzeug, mit dem es gearbeitet wird, wird von ihnen aufgrund seiner krummen Form „Häkeln" genannt. Diese Kunst hat ihren höchsten Grad an Perfektion in England erreicht, von wo sie nach Frankreich und Deutschland verpflanzt wurde, und beide Länder haben, wenn auch unberechtigterweise, Anspruch auf die Erfindung erhoben. Häkeln wurde mit beträchtlichem Erfolg zur Herstellung zahlreicher nützlicher und dekorativer Artikel wie Schals, Tischdecken, Couvre-pieds, Kissen, Ottomanen, Stühle, Teppiche, Pantoffeln, Taschen, Cabats, Geldbörsen, Mützen, Westen und dergleichen eingesetzt. Seide, Wolle, Baumwolle, Chenille und Gold sind allesamt geeignete Materialien für diese Art von Arbeit, ihre Wahl muss jedoch zwangsläufig vom jeweiligen Verwendungszweck bestimmt werden.

Häkeln gilt als weniger komplizierte Arbeitsmethode als Stricken und erfordert daher eine umfangreichere Ausbildung als bisher. Es eignet sich besonders für die Herstellung von Artikeln für wohltätige Zwecke; daher ist die Unterweisung von Kindern in *Blindenschulen* in dieser einfachen und nützlichen Kunst die Aufmerksamkeit von Philanthropen wert. Westen, Schals, Kniescheiben, Ärmel, Bettdecken, Fäustlinge, Handschuhe usw. können ohne Schwierigkeiten gehäkelt werden. Es wurde jedoch nicht für notwendig erachtet, auf den folgenden Seiten Anleitungen für diese einfachen Artikel zu geben, da sich die Arbeitsmethoden für diese und eine Vielzahl anderer Artikel im täglichen Gebrauch leicht ergeben, wenn man den Häkelstich erlernt hat. Als Beispiel für die doppelte Verwendung, die fast alle folgenden Anleitungen zulassen, können wir den Boden einer Tasche anführen. Wenn man mit einer Kette von etwa fünfzig Maschen beginnt (die Enden nicht verbinden) und mit einer großen Nadel in grober Wolle in Reihen vorwärts und rückwärts strickt und dabei mit einem Nahtstich allmählich zunimmt, entsteht ein warmer und bequemer runder Umhang. Ein Papiermuster in der Größe eines beliebigen Gegenstands kann leicht zugeschnitten werden. Durch das Machen einer Masche am Anfang oder das Verringern in der Mitte oder am Ende einer Reihe und *umgekehrt* kann diese Arbeit fast jeder Form angepasst werden.

Wenn für große Arbeiten Wolle verwendet wird, ist im Allgemeinen die sogenannte Fleecy-Wolle zu bevorzugen, entweder englische oder deutsche.

Dieses Material mit einer Stärke von sechs Fäden und einer Elfenbeinnadel bietet die einfachste Art der Arbeit, die wir kennen. Es ist leicht zu erlernen und wurde daher viel praktiziert, sowohl von Kranken als auch von Personen, deren Sehvermögen entweder Erleichterung braucht oder beeinträchtigt ist. Alle Streifenmuster können, falls gewünscht, in schmalen Bahnen gearbeitet und an den Trennlinien verbunden werden, so dass eine Tischdecke in vier oder sechs Bahnen hergestellt und anschließend mit Wolle zusammengenäht werden kann, ohne dass ihr Aussehen im Geringsten beeinträchtigt wird. Häkeln kann mit grober und feiner Chenille für Kissen, Taschen, Mützen und Westen ausgeführt werden; mit Häkelseide für Mützen, Pantoffeln und Taschen; mit grober Netzseide werden robuste Geldbörsen, Taschen und Pantoffeln hergestellt; und die feinsten Arbeiten können mit den feineren Seiden ausgeführt werden. Gold- und Silberkordeln und -bänder können mit den Chenille- und Seidenstoffen vermischt oder getrennt verwendet werden; und Gold- und Stahlperlen, die zuerst auf die Seide aufgefädelt werden, können in verschiedenen Mustern verarbeitet werden, um den prächtigsten und schönsten Effekt zu erzielen.

Häkeln kann in einfache Einzelhäkeln, einfache Doppelhäkeln, offene Häkeln mit einfachem Stich und offene Häkeln mit einem, zwei, drei oder mehr Stichen unterteilt werden. Diese Varianten werden in der folgenden Arbeitsanleitung beschrieben, sobald sie vorkommen.

Die Art und Weise, wie man den Häkelstich macht, ist zwar an sich sehr einfach, lässt sich aber nur schwer schriftlich beschreiben. Mithilfe der beigefügten Gravur, die die Position der Hände und die Art und Weise zeigt, wie die Nadel und die Arbeit gehalten werden sollten, werden wir jedoch versuchen, den grundlegenden Vorgang zu erklären.

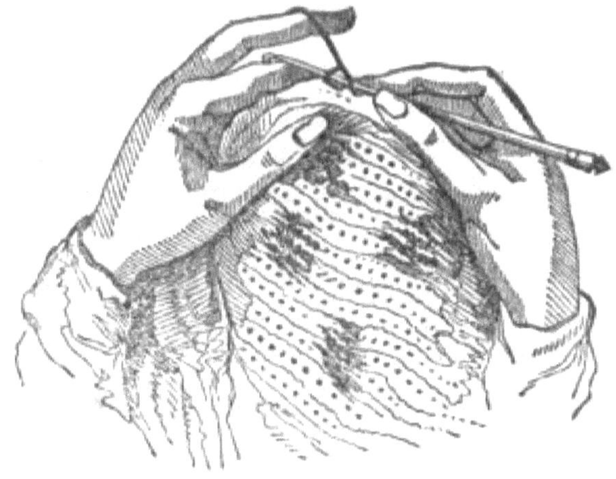

Nachdem Sie einen Wollstrang aufgewickelt haben, machen Sie an einem Ende eine Schlaufe. Ziehen Sie durch diese Schlaufe eine weitere Schlaufe, durch diese zweite Schlaufe eine weitere und so weiter, wobei Sie jede Schlaufe beim Durchziehen mäßig festziehen, bis eine *Kette von ausreichender Länge entstanden ist, die als Grundlage für den zu strickenden Artikel* dienen kann . Führen Sie die Nadel durch die letzte Schlaufe dieser Grundlage, fangen Sie die Wolle auf und ziehen Sie sie durch, wobei Sie dasselbe bei jeder weiteren Schlaufe wiederholen. Kehren Sie dann entlang dieser Reihe zurück und bilden Sie auf ähnliche Weise eine zweite. Eine Wiederholung dieses Vorgangs, abwechselnd vorwärts und rückwärts, von rechts nach links und von links nach rechts, vermittelt die erste und einfachste Lektion. Die Arbeit ist auf beiden Seiten gleich und erzeugt abwechselnd eine erhabene und eine vertiefte Reihe.

Bevor wir jedoch fortfahren, ist es zum besseren Verständnis der nachstehenden Anweisungen notwendig, eine

Erklärung der beim Häkeln verwendeten Begriffe.

DIE HÄKELNADEL.

Eine Kette – die Grundlage, die aus einer Reihe ineinander verlaufender Schleifen besteht.

Einfache Einzelhäkelmasche , bei der nur eine Masche auf der Nadel gemacht und durch jede Masche gezogen wird. Sie ist leichter und dünner als Doppelhäkelmasche.

Einfaches Doppelhäkeln , bei dem zwei Schlaufen auf der Nadel bleiben und die Wolle durch beide gezogen wird, bevor der Stich beendet ist. Dies ist der allgemein verwendete Häkelstich, der zum Nähen von Tischdecken usw. verwendet wird.

Doppelmaschenhäkeln – dabei werden beide Maschen der Kette genommen. Es wird hauptsächlich für Schuhsohlen und überall dort verwendet, wo zusätzliche Dicke erforderlich ist, ist aber nicht zum Arbeiten mit Mustern geeignet.

Elastisches Häkeln mit einfachem Stich wird abwechselnd in Reihen vorwärts und rückwärts, von rechts nach links und von links nach rechts gearbeitet, wobei immer die untere Masche der Kette mitgenommen wird.

Offenes Häkelmuster mit einfachem Stich.

Nr. 1.

Offene Häkelmaschen mit einfachem Maschenmuster bestehen aus Ketten mit jeweils fünf Maschen, die Schlaufen bilden, wobei jede fünfte Masche an die mittlere Masche der entsprechenden Schlaufe in der vorhergehenden Reihe gehäkelt wird, wie in der Gravur gezeigt. Sie werden hauptsächlich für Geldbörsen verwendet.

OFFENES HÄKELN.

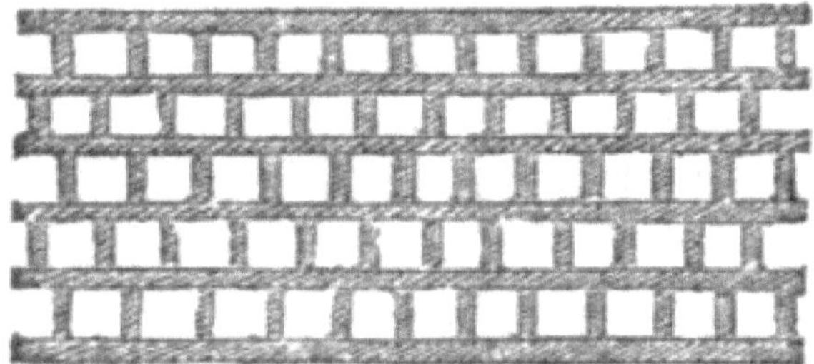

Nr. 2.

Offenes Häkeln wird (soweit es sich beschreiben lässt) wie folgt gearbeitet: Machen Sie eine Kette der erforderlichen Länge; arbeiten Sie am Anfang einen einfachen Stich. Führen Sie den Faden um die Nadel und führen Sie die Nadel durch die erste Schleife der Kette; führen Sie den Faden durch diese, wodurch drei Stiche auf der Nadel entstehen; ziehen Sie den Faden durch die ersten beiden Stiche, wodurch zwei auf der Nadel verbleiben; ziehen Sie den Faden dann durch diese beiden, wodurch einer auf der Nadel verbleibt; machen Sie durch diese einen einfachen Stich. Legen Sie den Faden über die Nadel und führen Sie ihn durch die dritte Schleife der Kette; die drei Stiche wie zuvor befinden sich nun auf der Nadel; ziehen Sie den Faden durch die ersten beiden, wodurch zwei auf der Nadel verbleiben; ziehen Sie den Faden durch diese beiden, wodurch der Stich beendet ist und einer wie zuvor auf der Nadel verbleibt. Der einfache Stich, der dann zwischen den beiden Doppelstichen gemacht wird, berücksichtigt den Stich, der in der

Kette durchgegangen ist, und lässt einen offenen Raum. Er eignet sich für Geldbörsen, Taschen usw.

DOPPELT OFFENE HÄKELN.

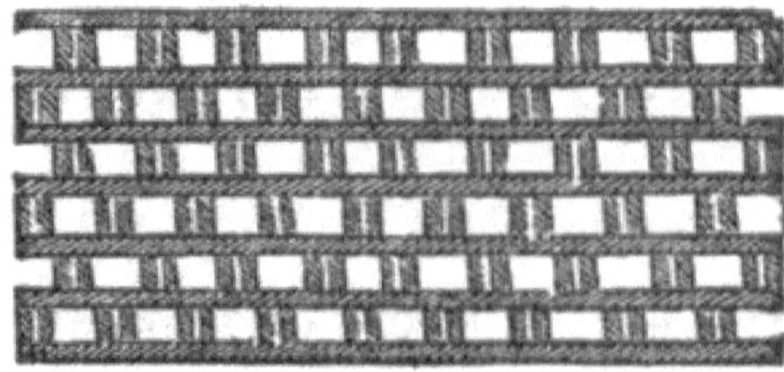

Nr. 3.

Doppeltes offenes Häkeln – ähnlich dem offenen Häkelstich, jedoch variiert, indem die beiden langen Stiche zusammen gemacht werden; dies wird erreicht, indem der einzelne Stich ausgelassen wird und die Nadel durch die nächste Schleife der Kette geführt wird, anstatt einen Stich auszulassen; so entstehen zwei Stiche zusammen und dann ein offener Raum. Es eignet sich für Taschen, Geldbörsen usw.

Offenes Dreifachhäkelmuster.

Nummer 4.

Offenes Häkeln mit dreifachem Muster – ebenfalls ähnlich wie das Vorhergehende, jedoch variiert, indem drei Maschen nacheinander ohne eine einfache Masche gehäkelt werden, wodurch abwechselnd offene Quadrate und Maschen entstehen. *Perlen* können mit sehr guter Wirkung auf folgende Weise eingearbeitet werden: – Lassen Sie die Perlen auf die Seide fädeln und führen Sie eine auf die mittlere Masche der drei Doppelmaschen, sodass in der Mitte jedes Quadrats eine Perle entsteht. Mit dieser Masche ergibt sich eine sehr hübsche Geldbörse.

Um eine Masche zu machen – am Anfang und am Ende einer Reihe – macht man eine Masche einer Kette vor der ersten Masche und nach der letzten, die in der nächsten Reihe gehäkelt werden sollen.

Ein Teilungs- oder Nahtstich – auch *erhabener* Stich genannt – wird gemacht, indem man die Nadel durch beide Maschen der Kette steckt und zwei Stiche in dasselbe Loch häkelt. Diese Stiche müssen immer genau übereinander gemacht werden. In Häkelkreisen bilden sie eine Art Sternmuster und dienen dazu, Maschen zu vermehren. Sie sollten nicht verwendet werden, wenn man mit *Chenille arbeitet* .

Um eine Masche zuzunehmen , müssen zwei Maschen in derselben Masche gemacht werden.

Abnehmen bedeutet, zwei Maschen zusammenzunehmen oder eine Masche auszulassen. Das Abnehmen erfolgt immer im gleichen Verhältnis wie das Zunehmen.

Echter oder perfekter Stich – wenn mit verschiedenen Farben gearbeitet wird, werden die Stiche direkt übereinander gehalten, ohne dass der Halbstich sichtbar wird. Dies erfordert Sorgfalt, trägt aber erheblich zur Schönheit der Arbeit bei und lässt das Muster deutlicher hervortreten.

Abketten – die Wolle durch die letzte Masche ziehen.

Zum Befestigen die Wollenden in entgegengesetzte Richtung legen und mit beiden einige Maschen häkeln oder die zweite Wolle einarbeiten und das Ende mit einer Nadel auf der Rückseite der Arbeit einführen.

Die Enden vernähen – sie mit einer Nadel ein paar Stiche weiter nach unten führen. Das ist die sauberste und stabilste Methode; sie können aber auch abgebunden und abgeschnitten werden.

Eine Trennlinie – im Allgemeinen bestehend aus zwei Stichen abwechselnd nach oben und unten – in den Grund der Streifen auf beiden Seiten.

NB: Die Gravuren der Muster werden in der Reihenfolge im Buch platziert, in der sie bearbeitet werden sollen, d. h., beginnend im unteren Teil auf der rechten Seite.

Hinweise zum Häkeln.

Eine Häkelnadel aus Stahl ist grundsätzlich zu empfehlen; bei geübten Arbeiterinnen gelingen damit die gleichmäßigsten Maschen, mit einer Nadel aus Elfenbein lässt es sich jedoch leichter arbeiten.

Für Handtaschen eignet sich die Netzseide zweiter Größe am besten.

Die gröbste oder gehäkelte Seide eignet sich am besten für Taschen, mit Stahl- oder Goldperlen.

Wenn in einem Muster viele Farben benötigt werden und diese nicht sehr häufig vorkommen, empfiehlt es sich, sie in kurzen Längen einzuführen, statt sie an jedem Faden weiterzuverfolgen. Dies sollte bei der Arbeit mit Chenille immer beachtet werden.

Wenn Perlen verwendet werden, sollten diese mit einer Nadel auf die Seide aufgefädelt werden.

Wenn Perlen verwendet werden, wird die linke Seite der Arbeit zur rechten. Es ist möglich, mit Perlen auf der rechten Seite zu häkeln, aber sie liegen nie so fest und es ist auch nicht die richtige Art, sie zu verwenden.

Die durchschnittliche Anzahl der Stiche pro Beutellänge beträgt bei feiner Seide einhundertsechzig, bei grober Seide einhundertzehn.

Neunzig bis einhundert Stiche bilden den Kreis einer Geldbörse aus feiner Seide.

Für die Runde einer Tasche aus Häkelseide werden 130 Maschen benötigt.

Eine Tischdecke aus sechsfädigem Vlies hat im Allgemeinen eine Länge von etwa vierhundert Stichen.

Blumenränder und sehr komplizierte Muster können mit Häkeln gearbeitet werden, aber es wäre unmöglich, selbst der erfahrensten Strickerin eine vollständige Vorstellung davon zu vermitteln, ohne den Rahmen der vorliegenden Arbeit erheblich zu überschreiten. Die erfahrene Näherin wird bald die beste Methode erkennen, um jedes gewünschte Muster dieser Art zu kopieren.

Die Begriffe *Chiné* und *Ombré* werden häufig für Materialien verwendet, die beim Häkeln und Stricken verwendet werden. Wolle und Seide sind *Chiné*, *wenn* beim Färben zwei, drei oder mehr *verschiedene Farben in Abständen auf einem Faden eingebracht werden; sie sind Ombré*, wenn nur *eine* Farbe auf ähnliche Weise verwendet wird, die jedoch allmählich vom hellsten zum dunkelsten Farbton verläuft.

NB: Bei den Anleitungen zum Arbeiten mit den verschiedenen Häkelmustern muss beachtet werden, dass, sofern keine andere Masche erwähnt wird, immer der einfache oder *feste Maschenstich* verwendet werden soll.

Ein Sofakissen oder eine Tischdecke.

Dies ist lediglich das erste und *einfachste* Häkelmuster, um Ihnen das Häkeln beizubringen.

Sie benötigen eine große Häkelnadel aus Elfenbein oder Stahl mit sechsfädigem Vlies. Anstatt die Reihen vorwärts und rückwärts zu stricken, wie zuvor beschrieben, beginnen Sie jede Reihe einzeln am gleichen Ende. Wenn der letzte Stich jeder Reihe fertig ist, ziehen Sie die Wolle durch und schneiden Sie sie ab, wobei Sie ein Ende von zwei oder drei Zoll übrig lassen. Es ist unmöglich, die genaue Anzahl der Stiche zu bestimmen, da dies vom Artikel und seiner erforderlichen Größe abhängen muss. Bei dieser Wollart ergibt sich jedoch im Allgemeinen, dass ein halber Yard Länge etwa fünfundsechzig Stiche aufweist, und eine entsprechende Berechnung kann vorgenommen werden.

Erster Streifen – eine Reihe schwarz, eine Reihe weiß, eine Reihe schwarz.

Zweiter Streifen – eine Reihe dunkelscharlachrot, eine helles Scharlachrot, eine helles Scharlachrot – kehren Sie das Gleiche um, um einen schattierten Streifen zu bilden.

Dritter Streifen – derselbe wie der erste.

Vierter Streifen – derselbe wie der zweite, aber in Blautönen.

Diese Streifen sind abwechselnd zu wiederholen.

Ein weiteres sehr einfaches Muster.

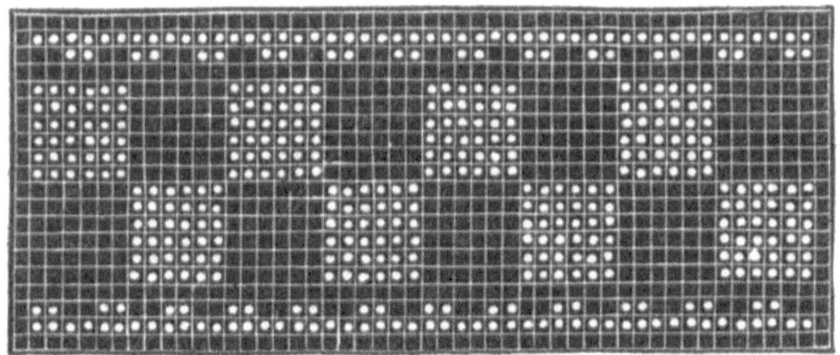

Nr. 5.

Der Grund dieses Musters ist einfarbig. Die Karos bestehen aus *Chinéwolle*, wobei die erste Reihe sich farblich von der zweiten unterscheidet. Die Trennlinie ist einfarbig.

Dieses Muster kann in Streifen verschiedener Farben gearbeitet werden, wobei die Farbe der Karos passend zur Farbe des Untergrunds variiert. Es eignet sich für ein Kissen oder eine Vielzahl anderer Artikel, je nach verwendetem Material.

Ein Sofakissen mit Streifen.

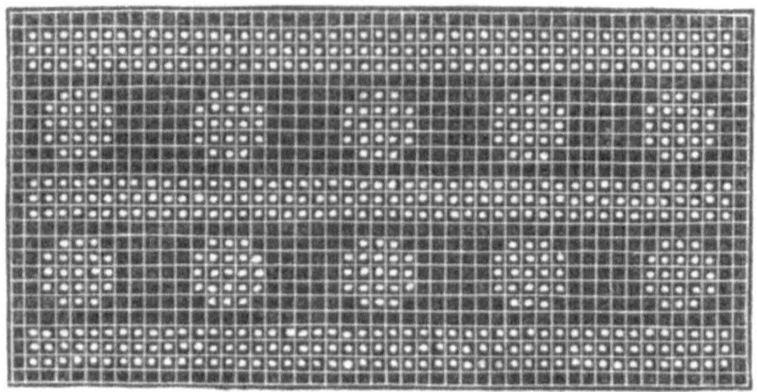

Nr. 6.

Zephyr oder doppelte deutsche Wolle.

Dieses Muster kann nach den beiden folgenden Methoden gearbeitet werden. Die erste ist die einfachste, da nur ein Wollfaden benötigt wird, um das Muster zu bilden.

Beginnen Sie mit einer Kette und einer Reihe in Schwarz. *Zweite Reihe* – Scharlachrot. *Dritte Reihe* – Strohfarbe.

Häkeln Sie einen Streifen, bestehend aus sieben Reihen in Kaiserblau, mit dem Muster aus *Chinéwolle* – Schwarz, Weiß und Scharlachrot.

Wiederholen Sie die drei einfachen Reihen wie zuvor, nur umgekehrt – Strohfarbe, Scharlachrot und Schwarz.

Häkeln Sie einen weiteren Streifen mit Drab, mit dem Muster aus *Chinéwolle* – Blau, Schwarz und Weiß.

Beginnen Sie noch einmal wie am Anfang.

Die zweite Methode, dieses Muster zu arbeiten, ist wie folgt: Die einfachen Reihen und der Grund der beiden Streifen sind wie zuvor. Häkeln Sie die Figur des blauen Streifens:

Erste Reihe – drei schwarze Maschen.

Zweite Reihe – drei Stiche weinrot, zwei schwarz.

Dritte Reihe – eine Masche in dunklem Weinrot, eine in Goldfarbe, zwei in dunklem Scharlachrot, eine in Schwarz.

Vierte Reihe – eine Masche in Scharlachrot, zwei in Goldfarbe, zwei in Scharlachrot.

Fünfte Reihe – drei scharlachrote Maschen.

Häkeln Sie die Figur auf den grauen Streifen,—

Erste Reihe – drei Maschen in Weinrot.

Zweite Reihe : drei Maschen dunkelgrün, zwei weinrot.

Dritte Reihe – eine Masche in mittlerem Grün, eine in Weiß, zwei in mittlerem Grün, eine in Weinrot.

Vierte Reihe – eine Masche hellgrün, zwei weiß, zwei hellgrün.

Fünfte Reihe – drei Maschen hellgrün.

Das obige Muster kann für eine Tasche in den gleichen Farben verwendet werden, wobei Seide statt Wolle verwendet wird und mit einer Kette von etwa 130 Maschen mit Häkelseide Nr. 2 begonnen wird. Es ist eine sehr einfach zu strickende Tasche, und wenn man sie eleganter gestalten möchte, kann man Gold hinzufügen. Mit diesem Muster und der gleichen Seidengröße kann man auch einen sehr hübschen Häkelschuh herstellen.

Ein sehr schönes und einfaches Muster.

Beginnen Sie mit einer Kette und einer Reihe Bernstein.

Zweite Reihe : abwechselnd zwei bernsteinfarbene und zwei schwarze Maschen.

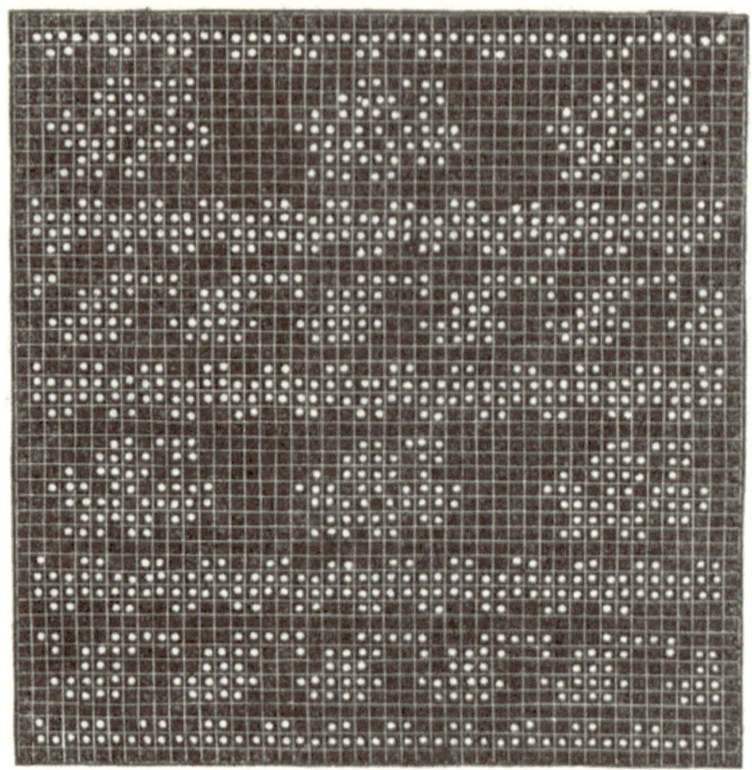

Nr. 7.

Dann häkeln Sie eine einfache Reihe in Schwarz, die den Grund des ersten Streifens bildet. Das Kiefernmuster auf diesem Streifen nimmt fünf Reihen in der Höhe ein; die *erste Reihe* – blau; die *zweite* – scharlachrot; die *dritte* – grün; die *vierte* – gelb; die *fünfte* – weiß. Eine einfache Reihe in Schwarz; und eine Reihe – zwei Maschen in Schwarz und zwei in Bernstein – abwechselnd; – gefolgt von einer einfachen Reihe in Bernstein, vervollständigen den ersten Streifen.

Der Grund des zweiten Streifens ist scharlachrot; die Trennlinien – oben und unten – sind kaiserblau, wobei die innere Reihe jeder Linie aus zwei Stichen besteht, abwechselnd blau und scharlachrot. Das Muster erstreckt sich über sieben Reihen; die *erste Reihe* ist grün; die *zweite* ist schwarz; die *dritte* ist blau; die *vierte ist* bernsteinfarben; die *fünfte* ist grün; die *sechste* ist steinfarben; die *siebte* ist weiß.

Der dritte Streifen ist kaiserlich blau; die Trennlinien sind bernsteinfarben; das Muster – *erste Reihe* – schwarz; *zweite* – scharlachrot; *dritte* – weiß; *vierte* – grün; *fünfte* – graubraun.

Der vierte Streifen ist weiß, die Trennlinien scharlachrot, das Muster: *erste Reihe* grün, *zweite* schwarz, *dritte* blau, *vierte* scharlachrot, *fünfte* grün, *sechste* lila, *siebte* hellgrün.

Ab dem ersten Streifen wiederholen.

Dieses Muster, das mit sechsfädigem Vlies gestrickt wird, lässt sich sehr einfach und wirkungsvoll für eine Tischdecke verwenden. Je nach Wunsch des Häkelnden kann eine Häkelnadel aus Stahl oder Elfenbein verwendet werden.

Das gleiche Muster mit den oben für den ersten und zweiten Streifen beschriebenen Farben und Häkelseide Nr. 1 ergibt eine äußerst elegante Tasche. Dies sollte mit einer Kette von etwa zweihundertsechzehn Maschen begonnen werden, die an den beiden Enden verbunden sind, egal ob es sich um eine runde oder quadratische Tasche handelt. Die Trennlinien können durch Goldfaden ersetzt werden, wobei nur eine einfache Reihe anstelle von zwei wie bei der Gravur gearbeitet wird. Fünf der schmalen und vier der breiten Streifen ergeben eine Tasche normaler Größe.

Dieses Muster lässt sich für verschiedene Zwecke wunderbar mit Chenille oder mit Chenille und Gold bearbeiten.

Ein weiteres Sofakissen.

Nr. 8.

Dieses Muster wird empfohlen, da es außerordentlich einfach und gleichzeitig sehr hübsch ist. Sechsfädiges Flauschgarn mit einer elfenbeinfarbenen Nadel.

Erster Streifen.

- Kette und *erste Reihe* – eintönig.

- *Zweite Reihe* – dunkles Purpurrot.

- •   *Dritte Reihe* : eine Masche in Rosenfarbe, eine in Dunkelbraun – abwechselnd.

- •   *Vierte Reihe* – leuchtendes Pink.

- •   *Fünfte Reihe* – eintönig.

Zweiter Streifen.

- •   *Erste Reihe* : zwei weiße Maschen, zwei schwarze, abwechselnd.

- •   *Zweite Reihe* : zwei weiße Maschen, zwei schwarze, abwechselnd, beginnend mit nur einer weißen Masche.

Dritter Streifen.

- •   *Erste Reihe* – leuchtendes Blau.

- •   *Zweite Reihe* – dunkles Olivgrün.

- •   *Dritte Reihe* : eine Masche in hellem Olivgrün, eine in leuchtendem Blau – abwechselnd.

- •   *Vierte Reihe* – gelb.

- •   *Fünfte Reihe* – blau.

Wiederholen Sie den zweiten Streifen und beginnen Sie erneut mit dem ersten.

Dieses Muster kann variiert werden, indem der erste und dritte Streifen wie oben beschrieben mit den schwarzen und weißen Streifen in doppelter offener Häkelarbeit gearbeitet werden. Es kann auch auf beide Arten mit grober Chenille gearbeitet werden.

Randbordüre für eine Tischdecke etc. mit persischem Streifenmuster.

Das Schnörkelmuster des Randes dieses Designs ist auf schwarzem Grund. Der Grund jedes Streifens des persischen Musters für die Mitte kann variiert werden. Sechs- oder achtfädiges Vlies mit einer Stahl- oder Elfenbeinnadel. Beginnen Sie mit:—

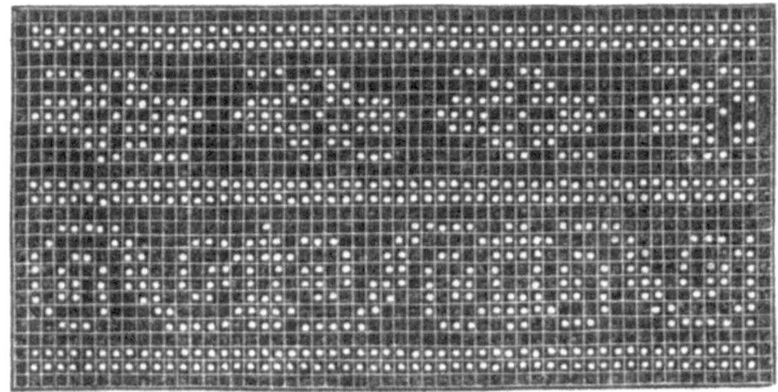

Nr. 9.

Kette und *erste Reihe* – dunkelrotbraun.

Zweite Reihe – scharlachrot.

Dritte Reihe – schwarz.

Vierte Reihe – eine Masche hellgrün; eine schwarz; fünf rotbraun; fünf schwarz; drei braun; zwei schwarz; zwei grün; zwei schwarz; drei braun; fünf schwarz; fünf braun; eine schwarz; zwei grün. – Bis zum Ende der Reihe wiederholen.

Fünfte Reihe – eine Masche mittelgrün; eine orange; vier schwarz; zwei orange; drei schwarz; eine orange; drei schwarz; eine orange; vier grün; eine orange; drei schwarz; eine orange; drei schwarz; zwei orange; vier schwarz; eine orange; zwei grün. – Wiederholen.

Sechste Reihe – eine Masche orange; zwei schwarze; zwei orange; zwei schwarze; zwei orange; zwei schwarze; eine orange; eine scharlachrot; zwei orange; eine schwarze; eine orange; zwei dunkelgrün; eine orange; eine schwarz; zwei scharlachrot; eine schwarze; eine orange; zwei schwarze; zwei orange; zwei schwarze; eine orange; eine grün. – Wiederholen.

Siebte Reihe – eine Masche in Goldfarbe; eine in Schwarz; zwei in Scharlachrot; eine in Schwarz; eine in Goldfarbe; eine in Schwarz; drei in Goldfarbe; eine in Schwarz; eine in Goldfarbe; eine in Schwarz; zwei in Scharlachrot; eine in Schwarz; eine in Goldfarbe; zwei in Schwarz; eine in Goldfarbe; eine in Schwarz; zwei in Scharlachrot; eine in Schwarz; eine in Goldfarbe; eine in Schwarz; drei in Goldfarbe; eine in Schwarz; eine in Goldfarbe; eine in Schwarz; zwei in Scharlachrot; eine in Schwarz; eine in Goldfarbe; eine in Schwarz. – Wiederholen.

Achte Reihe – eine Masche in Goldfarbe; eine in Schwarz; zwei in Scharlachrot; eine in Schwarz; eine in Goldfarbe; zwei in Schwarz; zwei in Goldfarbe; eine in Schwarz; eine in Goldfarbe; zwei in Schwarz; eine in Goldfarbe; eine in Schwarz; eine in Goldfarbe; zwei in Schwarz; eine in Goldfarbe; eine in Schwarz; zwei in Goldfarbe; zwei in Schwarz; eine in Goldfarbe; eine in Schwarz; zwei in Scharlachrot; eine in Schwarz; eine in Goldfarbe; eine in Schwarz. – Wiederholen.

Neunte Reihe – eine Masche dunkelblau; eine gelbe; drei schwarze; eine gelbe; zwei schwarze; zwei gelbe; zwei schwarze; zwei gelbe; zwei schwarze; eine gelbe; zwei blaue; eine gelbe; zwei schwarze; zwei blaue; zwei schwarze; zwei gelbe; zwei schwarze; eine gelbe; drei schwarze; eine gelbe; zwei blaue. – Wiederholen.

Zehnte Reihe – eine Masche mittelblau; eine schwarz; drei gelb; vier schwarz; zwei gelb; vier schwarz; eine gelb; vier blau; eine gelb; vier schwarz; zwei gelb; vier schwarz; drei gelb; eine schwarz; zwei blau. – Wiederholen.

Elfte Reihe – zehn schwarze Maschen; fünf weiße; zwei schwarze; zwei hellblaue; zwei schwarze; fünf weiße; zehn schwarze; eine blaue. – Wiederholen.

Zwölfte Reihe – schwarz.

Dreizehnte Reihe – rotbraun.

Vierzehnte Reihe – Scharlachrot. Damit ist der Rand fertig.

Beginnen Sie den Grund des mittleren oder zweiten Streifens mit einer einfachen Reihe Weiß. Die Farben des persischen Kiefernmusters sind wie folgt:

Erste Reihe – drei Maschen dunkelgrün, zwei weiß, zwei grün.

Zweite Reihe – zwei Maschen hellrot, eine weiß, zwei scharlachrot.

Dritte Reihe – zwei Maschen mittelgrün, drei dunkelscharlachrot, eine weiße, drei scharlachrote, zwei grüne.

Vierte Reihe – vier Maschen hellgrün, zwei weiß, eine schwarz, zwei weiß, vier grün.

Fünfte Reihe – zwei Maschen hellgrün, drei dunkelblau, eine weiße, drei blaue, zwei grüne.

Sechste Reihe – zwei hellblaue Maschen, eine weiße, zwei blaue.

Siebte Reihe – zwei Maschen hellgrün, zwei weiß, drei grün.

Eine einfache Reihe Weiß schließt den Streifen ab. Die braunen und scharlachroten Reihen müssen erneut gestrickt werden, wobei der Rand abwechselnd mit den Streifen des persischen Musters wiederholt werden kann. Oder es können nur die letzteren wiederholt werden, wobei die Farbe des Untergrunds variiert wird. Die Farben des Musters müssen ebenfalls geändert werden, um damit zu harmonieren. Die oben angegebenen Farben gelten für einen weißen Untergrund.

Eine Bordüre mit persischem Muster.

Dieses Muster ist für den Rand einer Tischdecke, eines Kaminvorlegers oder Treppenvorlegers geeignet. Es kann je nach Verwendungszweck mit vier-, sechs- oder achtfädigem Vlies mit einer Stahl- oder Elfenbeinnadel gearbeitet werden. Die erforderlichen Farben sind drei verschiedene Grüntöne, zwei Scharlachrot, zwei Blautöne, zwei Goldtöne, zwei Lilatöne, Schwarz, Weiß und Geranienfarben: Die richtige Auswahl dieser Farben macht einen großen Teil der Schönheit des Musters aus: Die Geranienfarben sollten sehr hell sein. Beginnen Sie mit:

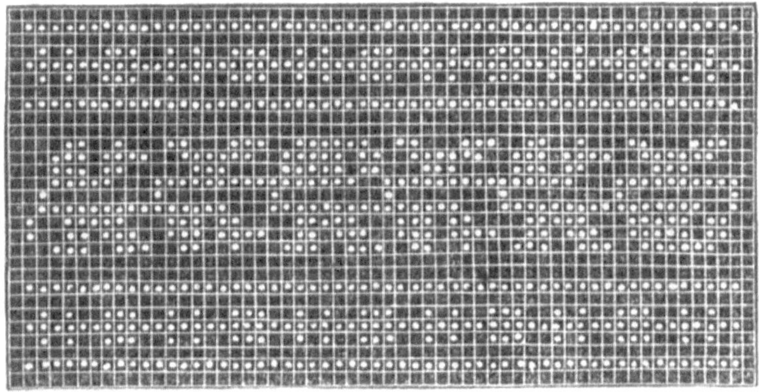

Nr. 10.

Kette und *erste Reihe* – schwarz.

Zweite Reihe – Goldfarbe.

Dritte Reihe – schwarz.

Vierte Reihe – zwei schwarze Maschen, eine hellgrüne, eine schwarze, eine grüne, zwei schwarze, drei Geranien. – Bis zum Ende der Reihe wiederholen.

Fünfte Reihe – zwei Stiche in Geranie, einer in Weiß, einer in Dunkelgrün, einer in Weiß, zwei in Geranie, drei in Gold. – Wiederholen.

Sechste Reihe – das Gleiche wie die vierte.

Siebte Reihe – schwarz.

Achte Reihe – blau.

Damit ist die schmale Bordüre fertig. Der Grund der Mittelbordüre ist weiß. Nachdem Sie zwei Reihen davon gestrickt haben, beginnen Sie das Muster mit:

Erste Reihe – zwei weiße Maschen; sechs dunkelrote; zwei weiße; drei hellgrüne; zwei weiße; drei grüne; drei weiße; eine scharlachrote; zwei weiße; zwei scharlachrote; zwei weiße; drei grüne; zwei weiße; drei grüne; drei weiße; eine scharlachrote; zwei weiße; zwei scharlachrote; zwei weiße; drei grüne; zwei weiße; drei grüne. – Bis zum Ende der Reihe wiederholen.

Zweite Reihe – eine Masche weiß; zwei hellscharlachrot; eine weiße; eine mittelgrüne; vier scharlachrote; zwei weiße; drei grüne; eine weiße; zwei grüne; zwei weiße; vier scharlachrote; eine weiße; drei scharlachrote; zwei weiße; drei grüne; eine weiße; zwei grüne; zwei weiße; vier scharlachrote; eine weiße; drei scharlachrote; zwei weiße; drei grüne; eine weiße; zwei grüne; eine weiße. – Wiederholen.

Dritte Reihe – eine Masche weiß; zwei dunkelblaue; eine weiße; eine dunkelgrüne; vier blaue; drei weiße; fünf grüne; vier weiße; zwei blaue; eine weiße; drei blaue; drei weiße; fünf grüne; vier weiße; zwei blaue; eine weiße; drei blaue; drei weiße; fünf grüne; eine weiße. – Wiederholen.

Vierte Reihe – eine Masche schwarz; zwei weiß; sechs hellblau; zehn schwarz; drei weiß; fünf blau; zehn schwarz; drei weiß; fünf blau; neun schwarz. – Wiederholen.

Fünfte Reihe – eine Masche schwarz, acht weiß. – Wiederholen.

Sechste Reihe – zehn schwarze Maschen; drei weiße; fünf hellgoldfarbene; zehn schwarze; zwei weiße; sechs goldfarbene; zehn schwarze; drei weiße; fünf goldfarbene. – Wiederholen.

Siebte Reihe – Vier weiße Maschen; drei dunkelgrüne; fünf weiße; zwei dunkelgoldene; eine weiße; drei goldfarbene; vier weiße; drei grüne; drei weiße; zwei goldfarbene; eine weiße; eine grüne; vier goldfarbene; vier weiße; drei grüne; fünf weiße; zwei goldfarbene; eine weiße; drei goldfarbene. – Wiederholen.

Achte Reihe – zwei Maschen weiß; sechs mittelgrün; zwei weiße; vier helllila; eine weiße; drei lila; zwei weiße; sechs grüne; zwei weiße; zwei lila; eine weiße; eine grüne; vier lila; zwei weiße; sechs grüne; zwei weiße; vier lila; eine weiße; drei lila. – Wiederholen.

Neunte Reihe – eine Masche weiß; drei hellgrün; drei weiße; zwei grüne; drei weiße; eine dunkellila; zwei weiße; zwei lila; zwei weiße; drei grüne; drei weiße; zwei grüne; zwei weiße; sechs lila; zwei weiße; drei grüne; drei weiße; zwei grüne; drei weiße; eine lila; zwei weiße; zwei lila; eine weiße. – Wiederholen.

Zwei weiße Reihen vervollständigen den Mittelrand.

Wiederholen Sie die kleine Umrandung, beginnend mit der blauen Reihe.

Ein Sofakissen in einfacher und dreifacher offener Häkelarbeit.

Dieses Muster kann mit doppelter deutscher Wolle gearbeitet werden.

Beginnen Sie mit einer Kette von etwa einhundertneunzig Maschen in Schwarz. Dann—

Häkeln Sie mit drei unterschiedlichen Scharlachtönen einen schattigen Streifen, der aus fünf Reihen besteht. Beginnen Sie mit der dunkelsten Farbe, wobei die hellste die Mitte bildet. Wiederholen Sie die schwarze Reihe.

Arbeiten Sie einen Streifen aus dreifachem offenem Häkeln, bestehend aus jeweils einer Reihe der folgenden Farben: Chrysophasgrün, Scharlachrot, Weiß, Goldfarbe, Flieder und Chrysophasgrün.

Wiederholen Sie die schwarze Reihe. – Bilden Sie einen Streifen ähnlich dem ersten, mit Weißtönen. – Wiederholen Sie die schwarze Reihe.

Wiederholen Sie den Streifen mit den offenen Stäbchen.—Wiederholen Sie die schwarze Reihe.—Häkeln Sie einen weiteren schattierten Streifen mit Flieder.—Wiederholen Sie die schwarze Reihe.—Wiederholen Sie den Streifen mit den offenen Stäbchen.—Wiederholen Sie die schwarze Reihe.— Arbeiten Sie einen weiteren schattierten Streifen mit Goldfarben.— Wiederholen Sie die schwarze Reihe.—Wiederholen Sie den Streifen mit den offenen Stäbchen.—Wiederholen Sie die schwarze Reihe und den ersten schattierten Streifen mit Scharlachrot. Dies bildet den Mittelstreifen. Kehren Sie die Reihenfolge der farbigen Streifen um, um das Kissen fertigzustellen.

Ein sehr reichhaltiges Häkelmuster.

Beginnen Sie mit zwei einfachen Reihen, die erste in Goldfarbe, die zweite in Schwarz. Das Schwarz bildet den Grund des ersten Halbstreifens.

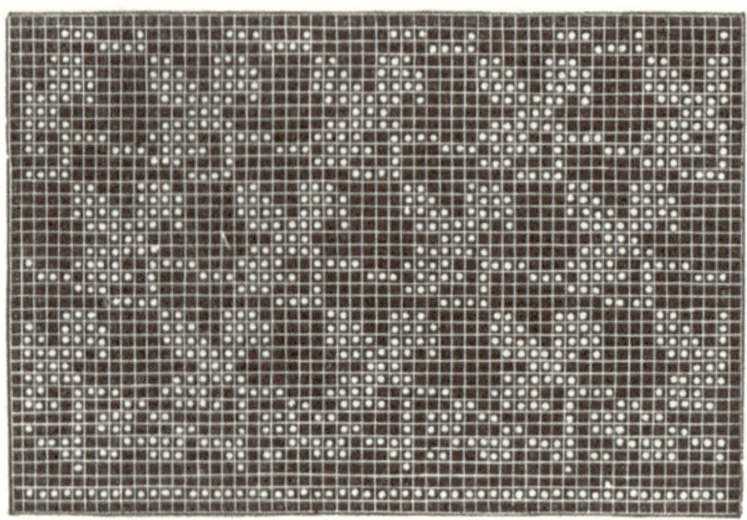

Nr. 11.

NB: Die Zickzackkanten der Bandstreifen werden überall mit Weiß gearbeitet.

Dritte Reihe : zwölf schwarze Maschen, eine weiße, abwechselnd.

Vierte Reihe – eine Masche weiß; drei schwarze; drei rotbraune; zwei schwarze; zwei mittelgrüne; eine schwarze; eine weiße. – Wiederholen.

Fünfte Reihe – drei weiße Maschen, eine schwarze, drei orange, zwei hellgrüne, drei schwarze, eine weiße. – Wiederholen.

Sechste Reihe – drei scharlachrote Maschen, zwei weiße, drei schwarze, drei goldfarbene, eine schwarze, eine weiße. – Wiederholen.

Siebte Reihe – fünf Stiche scharlachrot, zwei weiße, einer schwarz, drei gelbe, einer schwarz, einer weiß. – Wiederholen.

Achte Reihe – eine Masche in Scharlachrot, vier in dunkler Steinfarbe, zwei in Scharlachrot, zwei in Weiß, drei in Schwarz, eine in Weiß. – Wiederholen.

Neunte Reihe – zwei Maschen in Scharlachrot, vier in der mittleren Steinfarbe, drei in Scharlachrot, vier in Weiß. – Wiederholen.

Zehnte Reihe – zwei Maschen in Dunkelgrün, drei in Hellsteinfarbe, sieben in Scharlachrot, eine in Schwarz. – Wiederholen.

Elfte Reihe – drei Maschen mittelgrün, zehn scharlachrot. – Wiederholen.

Zwölfte Reihe – fünf Maschen hellgrün, fünf scharlachrot, eine in dunkler Steinfarbe, eine scharlachrot, eine hellgrün. – Wiederholen.

Dreizehnte Reihe – eine Masche in dunkler Steinfarbe, eine in Scharlachrot, vier in Dunkelgrün, vier in Scharlachrot, drei in dunkler Steinfarbe. – Wiederholen.

Vierzehnte Reihe – eine Masche in der mittleren Steinfarbe; zwei in Scharlachrot; drei in der mittleren Grünfarbe; vier in Scharlachrot; drei in der mittleren Steinfarbe. – Wiederholen.

Fünfzehnte Reihe – eine Masche in heller Steinfarbe, drei in Scharlachrot, zwei in hellgrün, fünf in Scharlachrot, zwei in heller Steinfarbe. – Wiederholen.

Sechzehnte Reihe – sechs Maschen scharlachrot, vier weiße, drei scharlachrot. – Wiederholen.

Siebzehnte Reihe – sechs Maschen scharlachrot, eine weiß, drei braune, drei weiße. – Wiederholen.

Achtzehnte Reihe – drei weiße Maschen, drei scharlachrote, eine weiße, eine braune, vier dunkellila, eine braune. – Wiederholen.

Neunzehnte Reihe – drei Maschen braun, vier weiß, zwei braun, vier mittlere lila. – Wiederholen.

Zwanzigste Reihe – sechs Maschen braun, drei dunkelgrün, drei helllila, eine braun. – Wiederholen.

Einundzwanzigste Reihe – sieben Maschen braun, drei mittelgrün, drei braun. – Wiederholen.

Zweiundzwanzigste Reihe – vier Maschen braun, eine dunkellila, eine braun, sechs hellgrün, eine braun. – Wiederholen.

Dreiundzwanzigste Reihe – Vier Maschen in Brauntönen, vier in Dunkellila, eine in Brauntönen, vier in Dunkelgrün. – Wiederholen.

Vierundzwanzigste Reihe – vier Maschen braun, vier mittlere lila, zwei braun, drei mittlere grün. – Wiederholen.

Fünfundzwanzigste Reihe – fünf Maschen braun, drei helllila, drei braun, zwei hellgrün. – Wiederholen.

Sechsundzwanzigste Reihe – vier Maschen weiß, neun braun. – Wiederholen.

Siebenundzwanzigste Reihe – eine Masche weiß, drei blaue, drei weiße, sechs braune. – Wiederholen.

Achtundzwanzigste Reihe – eine Masche weiß, eine blau, vier weinrot, eine blau, drei weiß, drei braun. – Wiederholen.

Neunundzwanzigste Reihe – eine Masche weiß, zwei blau, vier dunkelrot, drei blau, drei weiß. – Wiederholen.

Dreißigste Reihe – drei Maschen dunkeloliv, drei scharlachrot, sieben blau. – Wiederholen.

Einunddreißigste Reihe – eine Masche blau; drei mittlere oliv; neun blau. – Wiederholen.

Zweiunddreißigste Reihe – sechs Maschen in Helloliv, fünf in Blau, eine in Weinrot, eine in Blau. – Wiederholen.

Dreiunddreißigste Reihe – zwei Maschen weinrot, eine blau, vier dunkeloliv, vier blau, zwei weinrot. – Wiederholen.

Vierunddreißigste Reihe – zwei Maschen in Dunkelscharlachrot, zwei in Blau, drei in Mitteloliv, vier in Blau, zwei in Dunkelscharlachrot. – Wiederholen.

Fünfunddreißigste Reihe – zwei Maschen scharlachrot, drei blaue, zwei helloliv, fünf blaue, eine scharlachrot. – Wiederholen.

Sechsunddreißigste Reihe – sieben blaue Maschen, vier weiße, zwei blaue. – Wiederholen.

Siebenunddreißigste Reihe – eine Masche weiß; sechs blaue; eine weiße; drei scharlachrote (der Grund des nächsten Streifens); zwei weiße. – Wiederholen.

Damit ist das Muster abgeschlossen, das aus dem gleichen Zweig in verschiedenen Farben auf drei verschiedenfarbigen Untergründen besteht. Man erkennt, dass die Zweige diagonal verlaufen. Der Beginn der ersten beiden Reihen des vierten Streifens zeigt, wenn man sich auf den entsprechenden Teil des vorherigen Streifens bezieht, wo der nächste Zweig beginnen muss.

Wenn für eine Tasche oder einen Reisesack gearbeitet wird, sollte das Muster von unten begonnen werden, sodass im unteren Teil ein Rand entsteht; wenn jedoch ein Kissen, eine Tischdecke oder ein Couvre-pied hergestellt werden soll, häkeln Sie zuerst zwei einfache Reihen und beginnen Sie dann mit dem Muster wie bei der *sechzehnten Reihe*.

Zum Stricken der größeren Artikel im obigen Muster kann Vlies verwendet werden, für die kleineren deutsche Wolle und für die eleganteren Artikel Chenille und Gold oder Seide und Gold.

Türkisches Muster für eine Tischdecke usw.

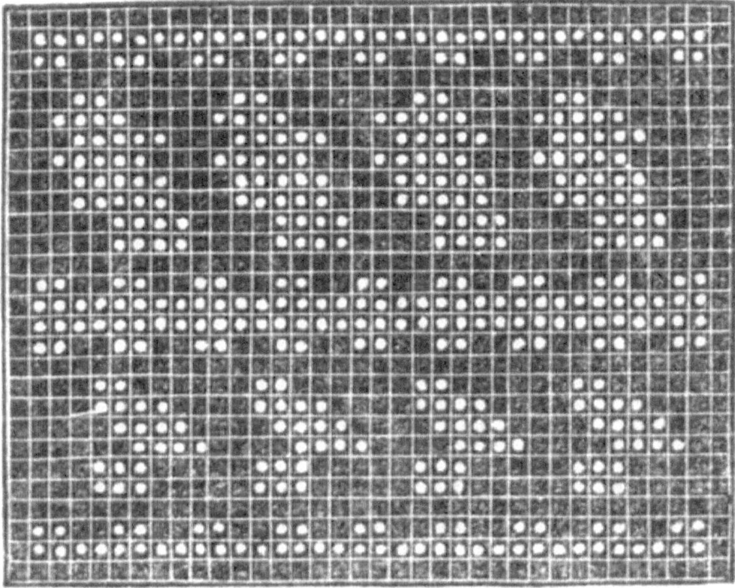

Nr. 12.

Dies eignet sich für Tischdecken, Tagesdecken, Kissen, die Oberseiten großer Ottomanen, Stuhlbezüge, Teppiche oder Bettvorleger. Sie benötigen sechsfädiges Vlies und eine Stahlnadel. Die Trennlinie besteht aus zwei weinroten Farben. Die Streifen sind scharlachrot, blau, goldfarben und weiß.

Das Muster auf dem scharlachroten Streifen – zwei Grüntöne, Lila, Weiß, Braun und leuchtendes Gelb.

Auf dem blauen Streifen: zwei Scharlachrote, zwei Weißtöne, zwei Goldfarben, zwei dunkle Scharlachrote.

Auf dem goldfarbenen Streifen – zwei Blautöne, Weinrot, Weiß, Lila und Grün.

Auf dem weißen Streifen: zwei Grüntöne, zwei Scharlachrote, zwei Blautöne, Braun und Gelb.

Eine Tischdecke oder ein Kissen.

Sechsfädiges Vlies mit Stahlnadel.

Das Muster der *Umrandung* ist schwarz, der Grund in Goldtönen. Beginnen Sie mit einer schwarzen Kette und einer einfachen Reihe derselben, dann zwei einfachen Reihen in Rotbraun. Beginnen Sie in der nächsten Reihe das Muster wie folgt:

Erste Reihe – schwarz, mit den einzelnen Maschen des Grundes in Rotbraun.

Zweite und dritte Reihe – schwarz und orange.

Vierte, fünfte und sechste Reihe – schwarz und goldfarben.

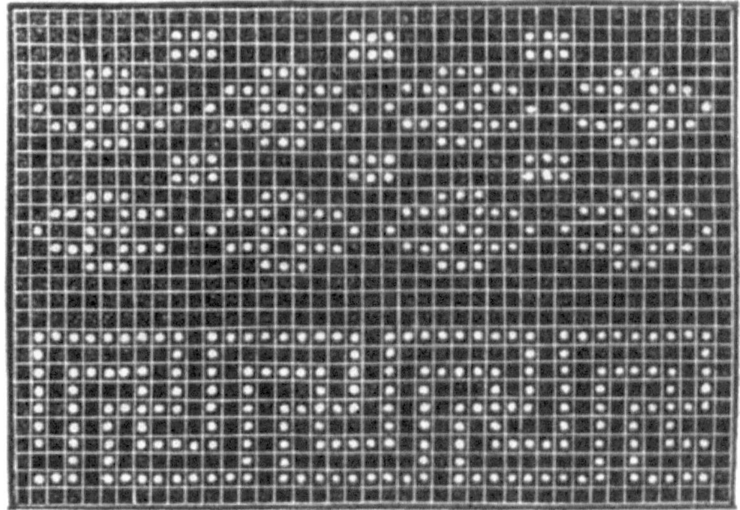

Nr. 13.

Siebte, achte und neunte Reihe – schwarz und gelb. Eine einfarbige Reihe in Strohfarbe, gefolgt von einer einfarbigen Reihe in Weiß, vervollständigen den Rand.

Beginnen Sie den Grund in der Mitte mit einer einfachen Reihe in Mittelblau. Auf diesem blauen Grund arbeiten Sie das Muster in den folgenden Farben:—

Erste Reihe – dunkles Weinrot.

Zweite Reihe – Weinrot.

Dritte Reihe – Weinrot, mit den drei Mittelstichen in Weiß.

Vierte Reihe – mittleres Scharlachrot.

Fünfte Reihe – helles Scharlachrot.

Sechste und siebte Reihe (bilden das zweite Muster in der Mitte) – die Goldfarben und das Gelb, die im Grund der Bordüre verwendet wurden.

Beginnen Sie wieder mit dem Weinrot, wie in der ersten Reihe des Musters.

Wenn das Quadrat fertig ist, führen Sie die Wolle mit einer Teppichnadel sorgfältig ein oder binden Sie sie dicht an die Arbeit. Dadurch entsteht eine feste Kante, auf die eine Franse genäht werden kann.

Eine Couvre-Pied- oder Wiegendecke.

Dieses Muster ist sehr einfach und die Wirkung außerordentlich gut. Es eignet sich gut für die Arbeit mit *Chinéwolle* .

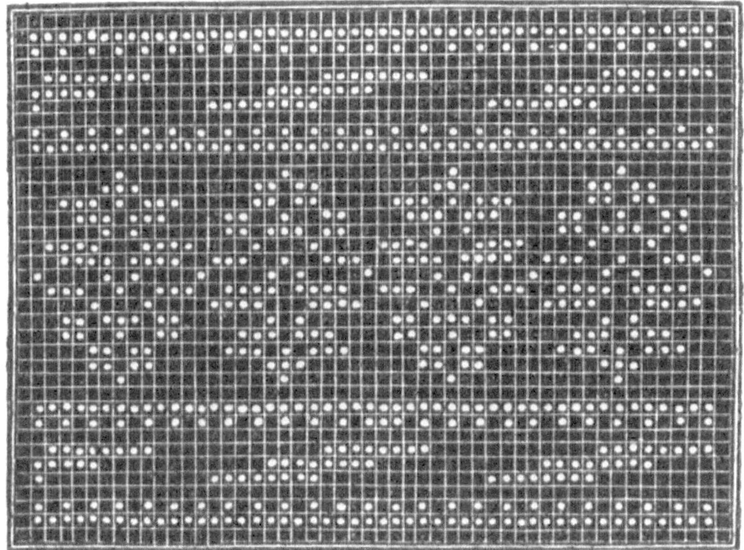

Nr. 14.

Die Kette und die erste Reihe sind schwarz. Die nächste Reihe besteht aus abwechselnden Maschen aus schwarzer und Chinéwolle (sagen wir blau). Der Grund des ersten Streifens ist aus blauer Chinéwolle, das Muster ist weiß. Die Trennlinie ist schwarz. Der Grund des nächsten Streifens ist aus scharlachroter Chinéwolle gearbeitet, das Muster ist weiß, mit Ausnahme der Mittellinie oder Welle, die schwarz sein sollte.

Erhabenes Häkeln.

Erhabenes oder geripptes Häkeln wird in Reihen von rechts nach links gearbeitet, entsprechend der üblichen Methode; die Seite der Arbeit wird jedoch in jeder zweiten Reihe umgekehrt, wie beim einfachen Häkeln (siehe Seite 14); daher entspricht es dieser Arbeitsbeschreibung, mit der Ausnahme, dass immer die Rückseite oder Untermasche genommen werden muss; es sieht daher gerippt oder erhaben aus und ist dicker und dichter und hat eine elastischere Beschaffenheit.

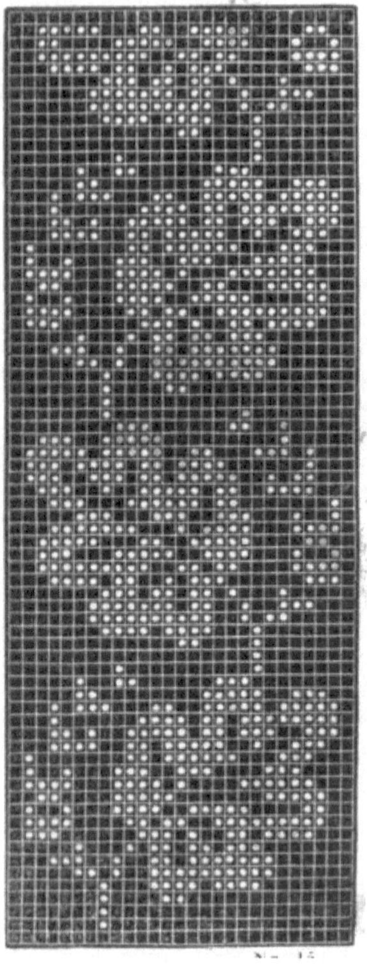

Nr. 15.

Das beigefügte Muster eignet sich gut für die Arbeit mit Hochhäkeln. Die Farbe, die das Muster bildet, sollte nur bei Bedarf eingebracht werden und nicht wie bei einfachen Doppelhäkeln durch den Boden geführt werden. Daher muss derselbe Faden aufgenommen und fallengelassen werden, je nachdem, wie die Form des Musters es erfordert – ein Vorgang, der keineswegs schwierig ist. Bei Bedarf sollte die übrige Wolle jedoch durch die Maschen der gerade verwendeten Wolle geführt und nicht lose auf der Rückseite gelassen werden.

Das hier gezeigte Muster soll in Streifen gearbeitet werden; diese werden anschließend zusammengenäht. Es eignet sich sehr gut für Steppdecken, Couvre-pieds usw. Die Farben können variiert werden, so: erster Streifen weiß mit scharlachrotem Muster; zweiter scharlachrot mit weißem Muster. Für das Muster auf einem einfarbigen Untergrund kann schattierte Wolle verwendet werden.

Ein Sofakissen, eine Tischdecke usw.

Beginnen Sie mit einer Kette in Schwarz. Stricken Sie eine Reihe abwechselnd mit zwei schwarzen und zwei scharlachroten Maschen. Dann eine Reihe scharlachrot und eine Reihe schwarz; letztere bildet den Grund des Randes, dessen Muster in vier Goldtönen gehalten ist, zwei Reihen von jeder Farbe, beginnend mit der dunkelsten. Eine einfache Reihe in Schwarz und eine in Scharlachrot schließen den Rand ab.

Nr. 16.

Häkeln Sie eine einfache Reihe in Weiß, dann eine einfache Reihe in Blau; letztere bildet den Grund der Mitte. Die Farben des Kiefernmusters sind wie folgt:

Erste Reihe – mittleres Scharlachrot.

Zweite Reihe – helles Scharlachrot.

Dritte Reihe – drei Stiche braun, zwei schwarz, drei braun.

Vierte Reihe – drei weiße Maschen, zwei schwarze, drei weiße.

Fünfte Reihe – drei Maschen in Goldfarbe, zwei in Lila, drei in Goldfarbe.

Sechste Reihe – drei Maschen gelb, zwei lila, drei gelb.

Siebte Reihe – drei Maschen in mittlerem Scharlachrot, zwei in Schwarz, drei in mittlerem Scharlachrot.

Achte Reihe – drei Maschen in Hellrot, zwei in Schwarz, drei in Hellrot.

Neunte Reihe – eintönig.

Zehnte Reihe – weiß.

Randmuster für ein Quadrat.

Nr. 17.

Dieses Muster kann für ein Ordenstuch, ein Sofakissen, eine Matte, einen Teppich, eine Wiege oder eine Bettdecke, eine Kutschendecke, einen D'oyley und eine Vielzahl anderer Zwecke verwendet werden, bei denen auf jeder Seite ein Rand erforderlich sein kann. Es kann entweder mit einfachem Doppelhäkeln oder mit erhabenem Häkeln gearbeitet werden. Ein anderes Material und eine anders große Nadel sind die einzigen Voraussetzungen, um es für einen der oben genannten Zwecke anzupassen. So:

Für ein Sofakissen achtfädiges Zephyr-Fleece; für ein ordentliches dreifädiges Fleece; für eine Fenstermatte achtfädiges gewöhnliches Fleece; für eine Blumenmatte deutsche oder englische Wolle; für eine Wiegendecke achtfädiges Zephyr-Fleece; für eine Bettdecke sechsfädiges Fleece; für einen D'Oyley ziemlich feine Strickbaumwolle. Die Größe des Artikels muss jedoch zunächst bestimmt und die Anzahl der Maschen gezählt werden, um das Muster passend zu dieser Größe zu erhalten. Die einfachste Farbgebung wird am wirkungsvollsten sein – ein schlichter Untergrund mit dem Muster in einer beliebigen hellen Farbe. Designs dieser Art, die Berechnung und ständiges Zählen erfordern, können als unterhaltsame, aber keine sehr einfache Arbeit übernommen werden.

Eine diagonal gestreifte Tasche mit sternförmigem Boden.

Machen Sie eine Kette aus vierzehn Maschen aus weinroter Häkelseide; verbinden Sie beide Enden miteinander und häkeln Sie rundherum eine einfache Reihe. In der nächsten Reihe (um den Kreis flach zu halten) muss jede zweite Masche eine Naht oder ein Trennstich sein, was dadurch erreicht wird, dass die Nadel unter beide Schlaufen statt unter eine gesteckt wird und an derselben Stelle zwei Maschen gemacht werden, wobei jede zweite Masche eine einfache Masche ist. In der nächsten Reihe arbeiten Sie die Naht an derselben Stelle und lassen zwischen jeder Masche zwei einfache Maschen statt einer. Wiederholen Sie diesen Kreis sechzehn Mal und achten Sie dabei immer darauf, dass die Naht an derselben Stelle bleibt. Die Anzahl der einfachen Maschen nimmt allmählich zu, bis eine flache Oberfläche mit einem Durchmesser von etwa vier Zoll entsteht, die von sieben erhabenen Streifen durchzogen ist. Eine Vandyke-Bordüre in Weinrot und Grün kann nun wie folgt gemacht werden.

Erste Reihe : fünf Maschen weinrot, eine grün.

Zweite Reihe – drei Maschen in Weinrot, drei in Grün.

Dritte Reihe – eine Masche weinrot, fünf grün.

Vierte Reihe – grün.

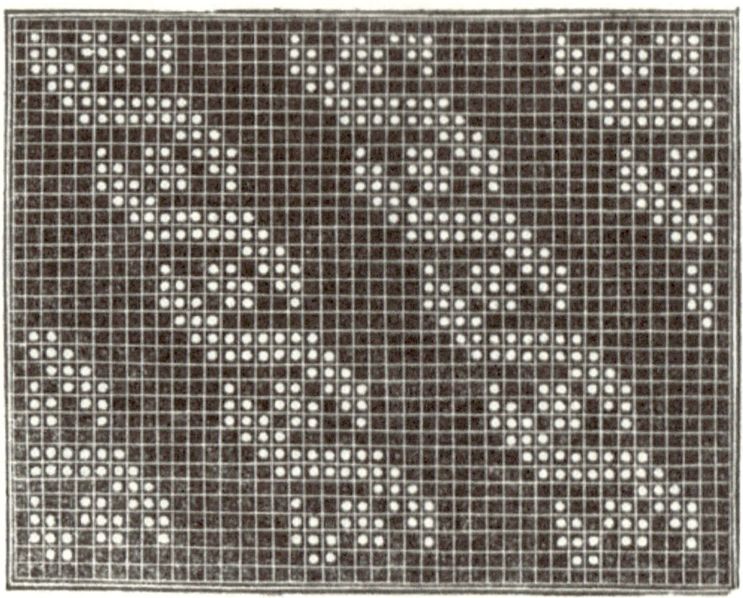

Nr. 18.

Das beigefügte Muster kann dann in Grün auf weinrotem Grund gearbeitet werden.

Wenn Sie sich im Umkreis von fünf Reihen der Oberseite der Tasche befinden, stricken Sie eine einfache Reihe des Grunds, wiederholen Sie das Vandyke-Muster und stricken Sie zwei einfache Reihen des weinroten Grunds.

Diese Tasche ist sehr hübsch und filigran in Weiß und Gold sowie in Blau und Gold gearbeitet, kann aber auch farblich nach Geschmack variiert werden. Das Muster sieht in Stahlperlen besonders gut aus.

Ein Sternboden für eine Tasche, mit Perlen.

Machen Sie eine Kette aus vierzehn Maschen, verbinden Sie beide Enden mit der Häkelarbeit und häkeln Sie rundherum eine einfache Reihe. In der nächsten Reihe soll jede zweite Masche zu einer Naht oder einem Teilungsstich gemacht werden, indem Sie die Nadel unter beide Schlaufen statt unter eine stecken und zwei Maschen an derselben Stelle machen: jede zweite Masche ist eine einfache Masche, auf der sich eine Perle befindet. Arbeiten Sie in der nächsten Reihe die Nahtmasche genau über die letzte, wodurch zwei einfache Maschen dazwischen bleiben statt einer; dies wird wiederholt, bis acht Kreise gebildet sind, wobei sich auf jeder einfachen Masche eine Perle befindet. Häkeln Sie weitere acht Reihen und lassen Sie die Nahtmasche an derselben Stelle, verringern Sie jedoch die Anzahl der

Perlen, indem Sie in jedem nachfolgenden Kreis eine Perle in jeder Teilung auslassen, so dass die letzte Reihe nur eine Perle in jeder Teilung hat. Häkeln Sie dann vier einfache Reihen und lassen Sie die Nahtmasche an derselben Stelle wie zuvor, dann rundherum eine einfache Reihe ohne Nahtmasche, die den Boden der Tasche bildet.

Eine runde Tasche mit sternförmigem Boden und Zweigen aus Seide und Gold.

Diese Tasche ist mit Doppelhäkeln im einfachen Stich gearbeitet, mit Häkelseide und Gold derselben Größe. Sie benötigen eine Stahlnadel, 25 Yards Goldschnur und etwa zwölf Stränge Seide. Die Farben der Seide sind Bordeauxrot, drei Grüntöne und Schwarz.

Beginnen Sie mit einer Kette aus neun Maschen in Weinrot; verbinden Sie die Enden und häkeln Sie eine einfache Reihe, wobei Sie bei jeder Masche zunehmen. Schließen Sie die schwarze Seide an und stricken Sie abwechselnd eine schwarze und zwei weinrote Maschen, wobei Sie mit der schwarzen Masche zunehmen. Es sollten jetzt 27 Maschen vorhanden sein. Stricken Sie eine weitere Reihe auf die gleiche Weise, aber ohne zuzunehmen. In der nächsten Reihe (*der dritten* , mit zwei Farben) – zwei schwarze Maschen, zwei weinrote, – abwechselnd – wobei Sie mit den schwarzen Maschen zunehmen. Die beiden weinroten Maschen werden in jeder der neun folgenden Reihen übereinander wiederholt (um einen Stern zu bilden).

Vierte und fünfte Reihe – weinrot und schwarz – wobei bei jeweils zwei Maschen des Weinrots eine Masche zugenommen wird.

Sechste, siebte, achte und neunte Reihe – weinrot und dunkelgrün – eine Masche zunehmen, wie zuvor.

Zehnte Reihe – Weinrot und Mittelgrün, eine Masche zunehmen, wie zuvor.

Elfte Reihe – eine Masche Gold; vier mittlere Grün – eine Masche zunehmen; zwei Gold; zwei Grün; eine Gold; zwei Weinrot. – Wiederholen.

Zwölfte Reihe – zwei Maschen goldfarben, zwei mittelgrün, drei goldfarben, zwei grün, eine goldfarben, zwei weinrot. – Wiederholen.

Dreizehnte Reihe – zwei Maschen goldfarben; drei mittelgrün; eine goldfarben; drei grün; zwei goldfarben – Zunahme bei den goldenen Maschen; zwei weinrot. – Wiederholen.

Vierzehnte Reihe – eine Masche weinrot; zwei goldfarben; fünf hellgrün; zwei goldfarben; fünf weinrot – Zunahme bei der dritten Masche. – Ab den ersten beiden goldfarbenen Maschen wiederholen.

Fünfzehnte Reihe – eine Masche weinrot, zwei goldfarben, drei hellgrün, zwei goldfarben, acht weinrot – Zunahme bei der dritten Masche. – Ab den ersten beiden goldfarbenen Maschen wiederholen.

Sechzehnte Reihe – eine Masche weinrot; fünf goldfarben; fünf weinrot – Zunahme bei der dritten Masche; eine goldfarben; fünf weinrot. – Ab den fünf goldenen Maschen wiederholen.

Siebzehnte Reihe – eine Masche weinrot; drei goldfarben; fünf weinrot; drei goldfarben; sechs weinrot – Zunahme bei der zweiten Masche. – Ab den ersten drei goldfarbenen Maschen wiederholen.

Achtzehnte Reihe – eine Masche weinrot; eine goldfarben; drei weinrot – Zunahme bei der zweiten Masche; zwei dunkelgrün; zwei weinrot; drei goldfarben; zwei weinrot; zwei grün; drei weinrot. – Ab der ersten goldfarbenen Masche wiederholen.

Neunzehnte Reihe – vier Maschen in Weinrot; zwei in Mittelgrün; zwei in Gold; eine in Weinrot; eine in Gold; eine in Weinrot; zwei in Gold; zwei in Grün; sieben in Weinrot. – Ab den ersten beiden grünen Maschen wiederholen.

Zwanzigste Reihe – eine Masche weinrot; zwei hellgrün; zwei weinrot; eine goldfarben; zwei weinrot; zwei grün; neun weinrot, ohne Zunahmen. – Ab den ersten beiden grünen Maschen wiederholen.

Einundzwanzigste Reihe – zwei Maschen weinrot, fünf dunkelgrün, vierzehn weinrot. – Ab den fünf grünen Maschen wiederholen.

Zweiundzwanzigste Reihe – eine Masche weinrot, drei mittelgrün, fünfzehn weinrot. – Ab den drei grünen Maschen wiederholen.

Der Boden und die erste Reihe von Zweigen sind nun fertig, der Beutel hat nun seinen vollen Durchmesser. In der nächsten Reihe wird wieder mit den Zweigen begonnen.

Eine Tasche aus Seide und Gold.

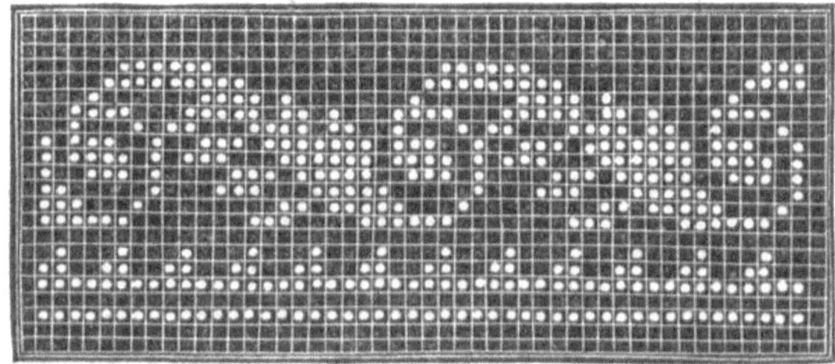

Nr. 19.

Das Muster auf dieser Tasche ist in Weiß und Gold gehalten, der Grund ist ein sattes Waterloo-Blau. Es sollte mit mittelgroßer Häkelseide gearbeitet werden. Das obige Rollmuster wird neunmal auf einer Tasche der üblichen Größe wiederholt. Beginnen Sie mit einer Kette aus einhundertachtzig Stichen.

Kette und *erste Reihe* : Waterloo-Blau.

Zweite Reihe – weiß.

Dritte Reihe – Waterloo-Blau.

Vierte Reihe – Gold.

Fünfte Reihe : zwei goldene und zwei blaue Maschen, abwechselnd.

Sechste Reihe – eine Masche Gold, drei Blaue – abwechselnd.

Stricken Sie eine Reihe in Blau und beginnen Sie mit dem Schnörkelmuster wie folgt:—

Erste Reihe – zwei blaue Maschen, sechs goldene, vier blaue, drei weiße, fünf blaue. – Bis zum Ende der Reihe wiederholen.

Zweite Reihe – eine Masche blau; eine goldene; drei blaue; zwei goldene; drei weiße; eine blaue; zwei goldene; sieben blaue. – Wiederholen.

Dritte Reihe – eine Masche Gold; fünf Blaue; drei Gold; zwei Weiße; drei Blaue; drei Weiße; drei Blaue. – Wiederholen.

Vierte Reihe – eine Masche Gold; eine blaue; drei Gold; zwei blaue; drei Gold; zwei weiße; eine blaue; drei Gold; vier blaue. – Wiederholen.

Fünfte Reihe – eine Masche gold; eine blau; eine golden; zwei weiße; eine goldene; eine blaue; vier goldene; zwei weiße; drei blaue; drei weiße; eine blaue. – Wiederholen.

Sechste Reihe – eine Masche Gold; zwei Blaue; drei Gold; eine Blaue; fünf Gold; zwei Weiße; eine Blaue; drei Gold; zwei Blaue. – Wiederholen.

Siebte Reihe – eine Masche blau; eine goldene; drei blaue; eine goldene; zwei blaue; zwei goldene; eine blaue; zwei goldene; zwei weiße; drei blaue; zwei weiße. – Wiederholen.

Achte Reihe – zwei blaue Maschen; vier goldene; drei blaue; eine goldene; eine blaue; zwei goldene; eine blaue; eine goldene; zwei weiße; zwei goldene; eine blaue. – Wiederholen.

Neunte Reihe – vier blaue Maschen, eine goldene, sieben blaue, eine goldene, eine blaue, drei goldene, eine weiße, zwei blaue. – Wiederholen.

Zehnte Reihe – drei weiße Maschen, eine goldene, elf blaue, drei goldene, zwei weiße. – Wiederholen.

Elfte Reihe – drei Maschen Gold, vierzehn Blau, drei Gold. – Wiederholen.

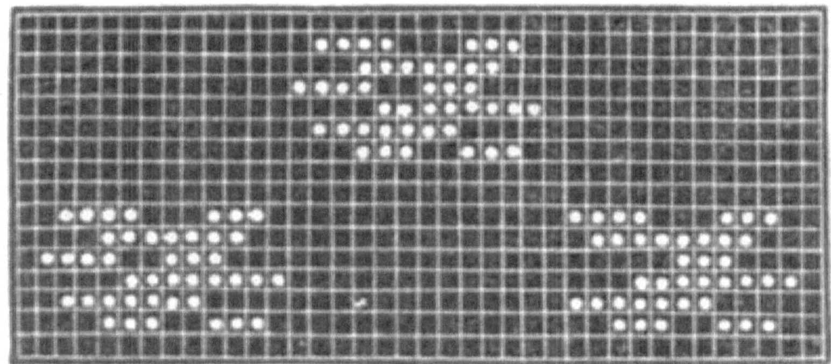

Nr. 20.

Das obige Cachemir-Muster kann für den oberen Teil der Tasche übernommen werden, der in Weiß und Gold gearbeitet ist.

Eine sehr hübsche Tasche in Seidentönen mit Gold.

Die eleganteste Farbgebung für diese Tasche sind vier Schattierungen von Schwarz in einem hübschen *Ecru* , gemischt mit Blau, Violett, Scharlachrot oder Grün in gleicher Anzahl von Schattierungen.

Beginnen Sie mit einer Kette aus 240 Maschen in feiner Netzseide; arbeiten Sie zwei einfache Reihen offener Häkelarbeit und verbinden Sie sie an beiden

Kanten: So erhalten Sie einen hübschen Abschluss für den Boden der Tasche. Häkeln Sie eine einfache Reihe in Schwarz.

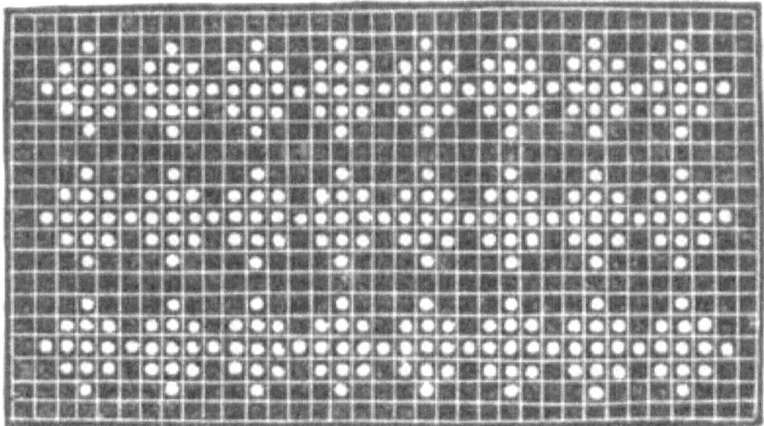

Nr. 21.

Das obige Muster wird nun bearbeitet. – Beginnen Sie mit dem Gold, um eine halbe Reihe von Rauten zu bilden, indem Sie eine einfache Reihe häkeln. In der nächsten Reihe – drei goldene Maschen, eine schwarze – abwechselnd; – in der nächsten Reihe – eine goldene Masche, drei schwarze – abwechselnd. Die nächste Reihe ist schwarz und bildet die mittlere Reihe der ersten perfekten Reihe von Rauten.

Die nächste Reihe von Rauten – gebildet im dunkelsten Ecru-Ton – wird wie die vorherige begonnen: ein Stich Ecru, drei schwarz; in der nächsten Reihe: drei Stiche Ecru, einer schwarz.

Damit ist die erste komplette Reihe schwarzer Rauten fertig. Die nächste Reihe ist schlicht écru und bildet die mittlere Reihe der zweiten perfekten Reihe von Rauten. Die dritte Reihe von Rauten soll einen mittleren Ecru-Ton haben, die vierte den hellsten Ecru-Ton.

Wiederholen Sie eine Reihe von Rauten in Gold und beginnen Sie einen weiteren Streifen von Rauten in einer der zuvor genannten Farben, beginnend mit Schwarz, dann dem dunkelsten Farbton, dann dem mittleren und schließlich dem hellsten.

Wiederholen Sie die eine Reihe Rauten in Gold und beginnen Sie erneut mit dem Streifen in Ecru-Tönen.

Eine Chenille-Tasche.

Beginnen Sie mit einer Kette aus vier Maschen in Blau; häkeln Sie, nachdem Sie die Enden verbunden haben, drei Reihen – wobei Sie in der *ersten und zweiten Reihe bei jeder Masche* und in der *dritten Reihe bei jeder zweiten Masche* zunehmen, sodass Sie insgesamt 24 Maschen zählen.

Vierte Reihe – am Weinrot ansetzen, abwechselnd eine Masche in Weinrot und eine in Blau stricken.

Fünfte Reihe: zwei weinrote Maschen, eine blaue, abwechselnd, wobei bei den weinroten Maschen zugenommen wird.

Sechste Reihe – zwei Maschen in Weinrot, zwei in Blau – Zunahmen bei den blauen Maschen.

Siebte Reihe – zwei Maschen in Weinrot, drei in Blau – Zunahme bei der zweiten Masche in Blau.

Achte Reihe – zwei Maschen in Weinrot, vier in Blau – Zunahme bei der zweiten Masche in Blau.

Neunte Reihe – zwei Maschen in Weinrot, fünf in Blau – Zunahme bei der zweiten Masche in Blau.

Zehnte Reihe – zwei Maschen in Weinrot, sechs in Blau – Zunahme bei der dritten Masche in Blau.

Elfte und zwölfte Reihe – zwei Maschen weinrot, sechs blau – ohne Zunahmen.

Dreizehnte Reihe – zwei Maschen in Weinrot, sieben in Blau – Zunahme bei der dritten Masche in Blau.

Vierzehnte Reihe – eine Masche weinrot; fünf blau; fünf weinrot – Zunahme bei der zweiten Masche; fünf blau; vier weinrot – ohne Zunahme. – Wiederholen Sie dies ab den ersten fünf blauen Maschen.

Fünfzehnte Reihe – eine Masche weinrot; drei blau; sieben weinrot; drei blau; sieben weinrot – Zunahme bei der dritten Masche. – Ab den ersten drei blauen Maschen wiederholen.

Sechzehnte Reihe – eine Masche weinrot, eine blau, zehn weinrot – Zunahme bei der vierten Masche. – Ab der ersten blauen Masche wiederholen.

Siebzehnte und achtzehnte Reihe – weinrot – ohne Zunahme.

Neunzehnte Reihe – weinrot – jede dreiunddreißigste Masche zunehmen. Diese Reihe sollte einhundertsechsunddreißig Maschen enthalten, wenn die Tasche ihre volle Größe erreicht hat und die Zunahme abgeschlossen ist.

Die nächsten drei Reihen werden abwechselnd mit vier Maschen in Gold und vier in Bordeaux gearbeitet. Dann vier Reihen in normaler Maschenform, nämlich eine in Gold, eine in Schwarz, eine in Weiß und eine in Gold, gefolgt von einer Reihe in Blau und einer Reihe in Weiß in doppelter offener Häkelarbeit, dann eine Reihe in Gold, eine Reihe in Schwarz und eine

Reihe in Gold in normaler Häkelarbeit. Wiederholen Sie die beiden Reihen in doppelter offener Häkelarbeit, die erste in Blau, die zweite in Bordeaux, sowie die eine Reihe in Gold, die eine Reihe in Schwarz und die eine Reihe in Gold. Beginnen Sie erneut mit den Reihen in Blau und Weiß in doppelter offener Häkelarbeit.

Es sollten vier Abschnitte mit doppeltem offenem Häkelmuster vorhanden sein und die Tasche sollte mit dem schwarz-goldenen Streifen abgeschlossen sein.

Eine offene Häkeltasche aus Chenille.

Machen Sie eine Kette aus sechs Maschen aus feinem blauen Chenille und verbinden Sie beide Enden. Häkeln Sie in Reihen, um eine Runde zu bilden (nehmen Sie in jeder Reihe ausreichend Maschen zu, damit die Arbeit flach bleibt), bis vierzehn Reihen fertig sind. Dies bildet den Boden der Tasche.

Beginnen Sie ein *Vandyke* -Muster, indem Sie in der ersten Reihe auf jeden fünften farbigen Grundstich einen Goldstich machen. In der nächsten Reihe drei Goldstiche und drei Grundstiche; in der nächsten fünf Goldstiche und einer Grundstich. Die beiden nächsten Reihen sollen einfarbig sein – die erste in Gold, die zweite in Schwarz.

Arbeiten Sie zwei Reihen offener Häkelarbeit, eine in Scharlachrot, die andere in Blau.

Die beiden schwarzen Reihen mit einer goldenen dazwischen werden dann in normaler Häkelarbeit gehäkelt; gefolgt von zwei Reihen offener Häkelarbeit, die erste weiß, die zweite blau. Wiederholen Sie die beiden schwarzen Reihen mit der goldenen dazwischen und die beiden Reihen offener Häkelarbeit abwechselnd, um die Tasche fertigzustellen.

Sie benötigen etwa sechzehn Stränge Chenille und vierundzwanzig Yards Goldschnur.

Eine griechische Mütze aus gehäkelter Seide.

Beginnen Sie oben mit einer Kette aus vierzehn Maschen, verbinden Sie die Enden und häkeln Sie eine einfache Reihe. Machen Sie in der nächsten Reihe bei jeder zweiten Masche eine erhabene oder trennende Linie, wie bei den Taschenböden. Die Zunahme muss fortgesetzt werden, bis der Durchmesser des Kreises etwa 15 cm beträgt. Arbeiten Sie in einfachen Reihen darum herum, bis die Kappe ausreichend tief ist. Wenn sie nicht groß genug ist, können gelegentlich Zunahmemaschen gemacht werden.

Die Kappe sollte mit einer doppelten Goldborte versehen sein, die die Spitzen der steigenden Linien berührt. Ein Goldband um die Unterseite und eine schöne Quaste an der Oberseite können hinzugefügt werden. Anstelle dieser können auch Seidenbesätze verwendet werden. Die Innenseite muss sehr sorgfältig gearbeitet sein.

Eine griechische Mütze aus grobem Chenille.

Beginnen Sie oben mit einer Kette aus sechs oder acht Maschen; verbinden Sie die Enden und arbeiten Sie in Reihen rundherum (erhöhen Sie in jeder Reihe ausreichend Maschen, damit die Arbeit flach bleibt), bis sie etwa 20 cm im Durchmesser hat. Die Seiten können in offener Häkelarbeit gearbeitet werden, wobei zwischen jeweils zwei Reihen der offenen Häkelarbeit ein paar einfache schwarze und goldene Linien eingefügt werden.

Die besten Farben für eine Mütze aus Chenille sind Schwarz und Gold, Dunkelblau, Schwarz und Gold sowie Weinrot, Schwarz und Gold.

Eine Essuie-Plume.

Beginnen Sie mit einer Kette aus etwa sechs Maschen in schlichter grüner Netzseide, häkeln Sie beide Enden zusammen, arbeiten Sie drei schlichte Reihen in Grün und dann eine Reihe mit abwechselnden Maschen in Dunkelscharlachrot und Grün.

Die scharlachrote Seide bildet nun den Grund, auf dem das grüne Sternmuster gehäkelt wird. Häkeln Sie abwechselnd eine Reihe mit zwei grünen und zwei scharlachroten Maschen; in der nächsten Reihe zwei scharlachrote und drei grüne. Häkeln Sie auf ähnliche Weise eine Reihe nach der anderen und nehmen Sie in jeder Reihe eine Masche im grünen Muster zu, jedes Mal wenn diese Farbe wiederholt wird, bis Sie in jeder Unterteilung sieben Maschen haben; achten Sie darauf, dass die beiden scharlachroten Maschen des Grunds genau übereinander liegen.

Das Muster wird nun verkleinert, indem vier Maschen in Scharlachrot und fünf in Grün gehäkelt werden; in der nächsten Reihe sieben in Scharlachrot und drei in Grün; und in der darauffolgenden zehn in Scharlachrot und eine in Grün; wobei in jedem Grundabschnitt eine Masche zugenommen wird.

Stricken Sie zwei einfache Reihen in Scharlachrot, nehmen Sie dabei ausreichend Maschen zu, damit die Arbeit flach bleibt, und beenden Sie die Arbeit mit einer Art Fransen, die aus zwei Reihen offener Häkelmaschen in Grün bestehen.

Eine Halskette.

Die Kette wird gemacht, indem man mit fünf einfachen Maschen beginnt, dann die Nadel durch die Rückseite der zweiten Masche steckt und eine einfache Masche macht. Wenn man die Kette nach jeder Masche verdreht, sieht man, dass eine Masche quer zu gehen scheint – das ist die Masche, die immer genommen und gehäkelt werden muss.

Ein gehäkelter Pantoffel.

Die hellen Streifen, aus denen dieser Pantoffel besteht, sind abwechselnd hellbraun und weiß; der dunkle Streifen dazwischen ist tiefblau. Jeder Streifen ist durch eine schwarze Trennlinie voneinander getrennt. Die Farben des Musters auf jedem Streifen sind wie folgt:

Beginnen Sie an der Spitze mit dem blauen Streifen. Die Musterfarben sind Weinrot, Goldfarbe und Scharlachrot.

Der *zweite Streifen* ist gelbbraun und die Musterfarben sind Dunkelblau, Lila, Scharlachrot und Grün.

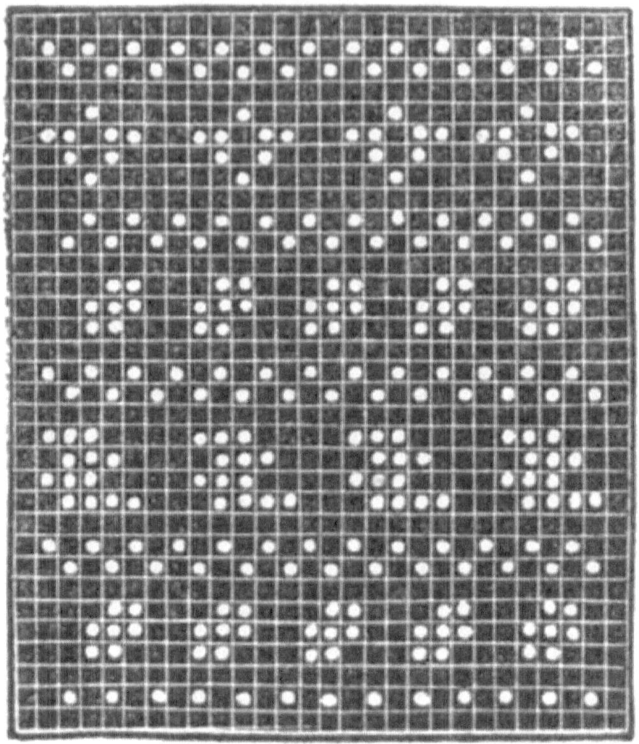

Nr. 22.

Wiederholen Sie den blauen Streifen.

Der *vierte Streifen* ist weiß, die Musterfarben sind Violett, Lila, Grün und Scharlachrot.

Dieser Pantoffel kann aus Häkelseide oder deutscher Wolle gearbeitet werden. Die Anzahl der Streifen muss von der gewünschten Größe des Pantoffels abhängen.

Noch ein gehäkelter Pantoffel.

Nr. 23.

Das obige Muster ist für einen Pantoffel aus *deutscher Wolle* oder gehäkelter Seide gedacht, der vorne in Streifen verläuft und sich in derselben Richtung um die Rückseite fortsetzt. Die Farben der verschiedenen Streifen, beginnend an der Spitze, sind wie folgt:

Erster Streifen – goldfarben; mit einem Muster aus Schwarz, Grün, Weiß, leuchtendem Scharlachrot und Schwarz.

Zweiter Streifen – blau; das Muster in Scharlachrot, Schwarz, Gold, Weiß und Weinrot.

Dritter Streifen – (die Mitte der Gravur) Scharlachrot; dieser Streifen ist breiter als alle anderen auf dem Schuh. Das Muster darauf besteht aus Hellgrün, Dunkelgrün, Schwarz, Hellblau und Goldfarbe, Dunkelblau und Weinrot, Schwarz, Goldfarbe und Lila, Weiß und Dunkellila, Hellgrün und Dunkelgrün.

Vierter Streifen – weiß; das Muster in Blau, Gelb, Lila, Grün und Scharlachrot.

Die schmalen Streifen wiederholen sich auf der Rückseite des Pantoffels; sie sind goldfarben, blau, scharlachrot, weiß und grün.

Bei einem mittelgroßen Herrenschuh aus gehäkelter Seide könnte man mit 24 Maschen an der Spitze beginnen und in den folgenden Reihen zunehmen, bis die Breite über dem Spann 80 Maschen beträgt. Da manche Personen jedoch viel enger stricken als andere, kann keine genaue Zahl angegeben werden. Die Seide kann auch in der Größe variieren, ebenso wie die für einen Schuh erforderlichen Abmessungen. Die Zunahme erfolgt durch das Hinzufügen einer Masche auf jeder Seite der Arbeit.

Die Streifen auf der Vorderseite des Pantoffels sind goldfarben, blau, scharlachrot und weiß; letzterer verläuft über den Spann. Zählen Sie die Anzahl der Stiche auf dem weißen Streifen und beginnen Sie mit dem goldfarbenen Streifen auf einer Seite einen Streifen von einem Drittel seiner Länge, um die Rückseite zu bilden. Fahren Sie mit diesen Streifen fort, bis die Rückseite lang genug ist, um auf der anderen Seite an die Vorderseite genäht zu werden. Es ist ratsam, vor dem Beginn eines Pantoffels ein Papiermuster in der gewünschten Größe und Form auszuschneiden.

Die oben abgebildeten *Chaussons* werden über den Schuhen getragen, die Sohle besteht aus grober Häkelarbeit in Schwarz. Sie können aber auch wie üblich für Hausschuhe für Damen oder Herren hergestellt werden. Aus Häkelseide gefertigt, sind sie äußerst warm und haltbar. – Die Enden der Wolle oder Seide werden mit einer Nadel eingefädelt und auf der Innenseite in die Arbeit eingearbeitet.

Eine Geldbörse.

Einfache Häkeltaschen sind außerordentlich robust und können mit einer mittelgroßen Netzseide sehr hübsch hergestellt werden. Am einfachsten sind solche, die in Reihen über die gesamte Länge der Tasche gestrickt werden. Machen Sie eine Kette aus scharlachroter Netzseide mit einhundertvierzig Maschen, auf die Sie drei einfache Reihen in derselben Farbe häkeln. Dann fünf einfache Reihen in Grün- oder Steintönen. Diese beiden Streifen werden wiederholt, bis die Geldbörse eine ausreichende Breite hat. Wenn sie fertig ist, wird sie sauber zusammengenäht oder durch Zusammenhäkeln der beiden Seiten verbunden. Die Enden werden dann hochgezogen und die Geldbörse zugeschnitten.

Eine einfache Geldbörse mit einem quadratischen und einem runden Ende.

Beginnen Sie mit einer Kette aus vierzehn Maschen, häkeln Sie, indem Sie beide Enden miteinander verbinden, rundherum eine einfache Reihe. In der nächsten Reihe wird jede zweite Masche zu einer Teilungs- oder Nahtmasche gemacht; dies geschieht, indem Sie die Nadel unter den beiden entsprechenden Schlaufen in der ersten Reihe hindurchführen und an derselben Stelle zwei Maschen machen. Diese Teilungsmasche wird an derselben Stelle in jeder Reihe wiederholt, bis zehn Reihen gearbeitet sind; dann werden entsprechend der Länge der Tasche ausreichend viele einfache Reihen gehäkelt, bis die seitliche Öffnung beginnt.

Die Öffnung der Tasche wird durch abwechselndes Häkeln von einfachen Reihen von rechts nach links und von links nach rechts hergestellt. Wenn eine ausreichende Anzahl davon fertig ist:

Die einfachen Reihen müssen erneut gearbeitet werden, um dem vorherigen Teil zu entsprechen; anstelle des runden Endes muss jedoch ein Quadrat gelassen und mit einer Quaste an jeder Ecke zugenäht werden.

Eine offene Häkeltasche mit einfachem Stich.

Machen Sie eine Kette aus einhundertsechzig oder einhundertsiebzig Maschen; häkeln Sie an die letzte Masche davon eine kurze Kette aus fünf Maschen, von denen die letzte wieder an die fünfte Masche der *Kette gehäkelt wird* ; wiederholen Sie dies auf der gesamten Länge der Grundlage; und kehren Sie auf die gleiche Weise entlang der Reihe zurück, indem Sie jede fünfte Masche an die mittlere Masche jeder Schleife der letzten Reihe anbringen. Die gesamte Geldbörse wird auf die gleiche Weise fortgesetzt, aber sie kann je nach Geschmack durch die Verwendung von zwei oder mehr Farben variiert werden. Wenn die Geldbörse die gewünschte Größe erreicht hat, schneiden Sie ein Stück steifen Karton zu und nähen Sie die Geldbörse fest daran – die linke Seite nach außen; befeuchten Sie es dann mit Wasser und lassen Sie es liegen, bis es trocken ist. Dieser Vorgang dehnt die Geldbörse, zieht die Maschen fest und bringt sie alle an ihre richtigen Stellen. Nachdem Sie die Seiten vernäht oder verhäkelt haben, ziehen Sie die Enden hoch und bringen Sie die Verzierungen an. – Diese Geldbörse sollte nur aus feiner Seide hergestellt werden.

Das Muster Nr. 1 (Seite 16) stellt diesen Stich dar.

Eine elegante Handtasche aus Seide und Gold.

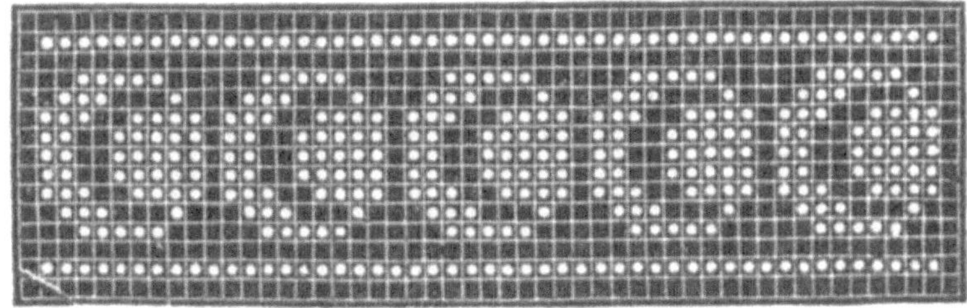

Nr. 24.

Beginnen Sie mit einer Kette aus einhundertachtzig Maschen aus feiner, weißer Netzseide.

Zweite Reihe – Gold.

Dritte Reihe – weiß.

Häkeln Sie elf Reihen mit leuchtend violetter Seide, mit dem obigen Muster in Gold.

Fünfzehnte Reihe – weiß.

Sechzehnte Reihe – Gold.

Siebzehnte Reihe – weiß.

Häkeln Sie drei Reihen dreifach offene Maschen mit Gold. Wenn Sie die oben genannten viermal häkeln, ist die Tasche fertig. Es ist ratsam, eine der kreisförmigen Figuren in der Mitte jedes Streifens wegzulassen und die Richtung des Musters am anderen Ende der Tasche umzukehren.

Die violette Seide kann durch Ponceau, Blau oder Grün ersetzt werden.

Dieses Muster kann auch wirkungsvoll in zwei beliebigen Farben, entweder mit Zephyr oder mit sechsfädigem Vlies, für Sofakissen, Ablageflächen usw. gearbeitet werden.

Eine kurze Geldbörse.

Beginnen Sie unten mit einer Kette aus vierzehn Stichen; verbinden Sie beide Enden und arbeiten Sie im Kreis herum, wobei Sie mithilfe von Trennlinien zunehmen, bis ein flacher Kreis mit einem Durchmesser von etwa zwei Zoll entsteht. Arbeiten Sie darauf einfache Reihen, bis die Tasche etwa drei Zoll lang ist. Sie muss dann genau geteilt werden und jede Seite muss vorwärts und rückwärts gearbeitet werden, etwa acht Reihen lang, oder was auch immer für die Tiefe des Druckknopfs ausreicht.

Das beigefügte Kiefernmuster und das übliche *Vandyke-Muster* eignen sich für kurze Geldbörsen. Aus etwa einhundertzwanzig Stichen lässt sich eine Geldbörse von guter Größe nähen.

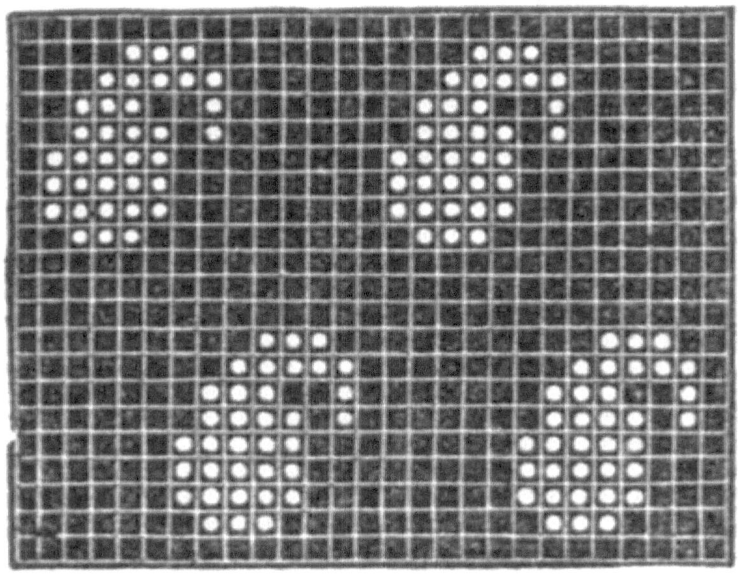

Nr. 25.

Eine mit Zweigen verzierte Handtasche in offener und einfacher Häkelarbeit.

Beginnen Sie mit einer Reihe offener Häkelmaschen in goldfarbener Seide; stricken Sie eine Reihe normaler Häkelmaschen, alle zwei Maschen abwechselnd in Blau und Gold; dann eine Reihe in normalem Blau.

Die nächste oder *vierte Reihe* besteht abwechselnd aus zwei scharlachroten und fünf blauen Maschen.

Fünfte Reihe : vier blaue, fünf weiße, abwechselnd.

Sechste Reihe – vier Blau; vier Steinfarben.

Siebte Reihe – fünf blaue Maschen, zwei rosa.

Wiederholen Sie die Reihe in schlichtem Blau, dann eine Reihe, abwechselnd zwei Maschen in Blau und zwei in Gold, und beginnen Sie erneut mit der offenen Häkelarbeit.

Eine elegante Handtasche mit Gold.

Beginnen Sie mit einer Reihe offener Häkelmaschen in feiner weißer Netzseide über die gesamte Länge der Börse. Dann eine Reihe normaler Häkelmaschen in abwechselnden Maschen in Weiß und Dunkelblau oder Weiß und Ponceau.

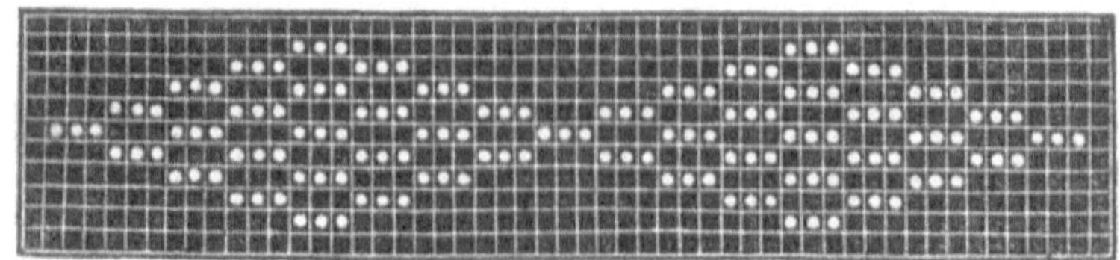

Nr. 26.

Arbeiten Sie das obige Muster in Gold auf blauem oder Ponceau-Grund. Dann drei Reihen offenes Häkeln in Weiß; und wiederholen Sie das Muster und das offene Häkeln abwechselnd.

Wenn die Tasche fertig ist, wird man feststellen, dass an der Verbindungsstelle nur zwei Reihen offener Häkelarbeit vorhanden sind, aber das lässt sich nicht vermeiden.

Das gleiche Muster kann auch mit Gold- oder Stahlperlen gearbeitet werden, aber dann ist es ratsam, das Muster in der Mitte der Tasche wegzulassen. Eine zusätzliche Farbe kann mit sehr guter Wirkung auf dem Boden zwischen den Perlen angebracht werden. Bei einer mittelgroßen Tasche wird das Muster in der Länge sieben Mal wiederholt. Ein paar einfache Stiche oben und unten an der Tasche sind wünschenswert.

Eine kurze Geldbörse mit Perlen.

Beginnen Sie mit einer Kette aus einhundert Maschen in dunkelgrüner Netzseide und arbeiten Sie eine einfache Reihe; häkeln Sie dann fünf Reihen mit Stahlperlen, um den ersten Streifen des Musters zu bilden.

Stricken Sie eine einfache Reihe in Weiß. Häkeln Sie dann auf dem weißen Untergrund den zweiten Streifen des Musters mit Goldperlen. Stricken Sie eine einfache Reihe in Weiß.

Der dritte Streifen ist grün. Der untere Teil des Musters besteht aus Stahlperlen, der obere aus Goldperlen.

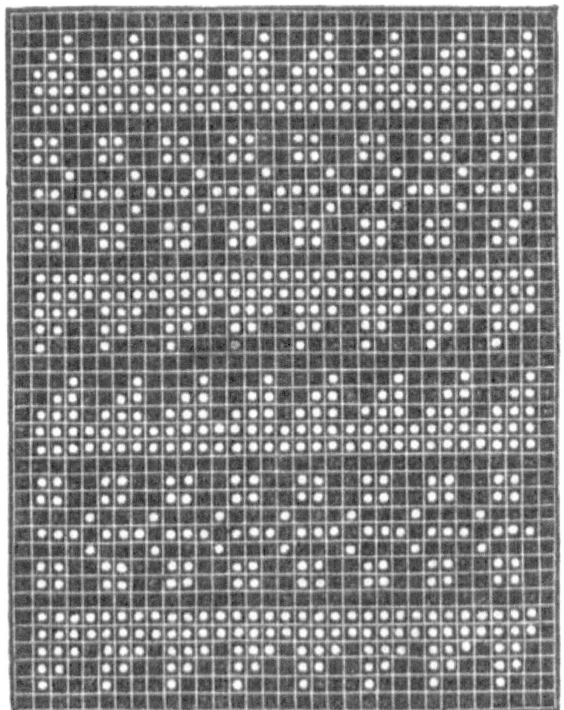

Nr. 27.

Der vierte Streifen ist weiß, das Muster besteht aus Stahlperlen, mit jeweils einer einfachen weißen Reihe oben und unten.

Beginnen Sie erneut mit Grün, und nachdem Sie die fünf Reihen des Musters mit Goldperlen gearbeitet haben, beenden Sie mit zwanzig einfachen Reihen in Grün.

Eine Geldbörse mit Perlen in einfacher und offener Häkelarbeit.

Machen Sie einen Sternboden mit Stahlperlen (wie auf Seite 65 beschrieben) und feiner Netzseide in dunklem Smaragdgrün. Arbeiten Sie drei Reihen offene Häkelarbeit in Hellgrün – dann eines der beigefügten Muster mit Stahlperlen auf einem Ponceau-Grund.

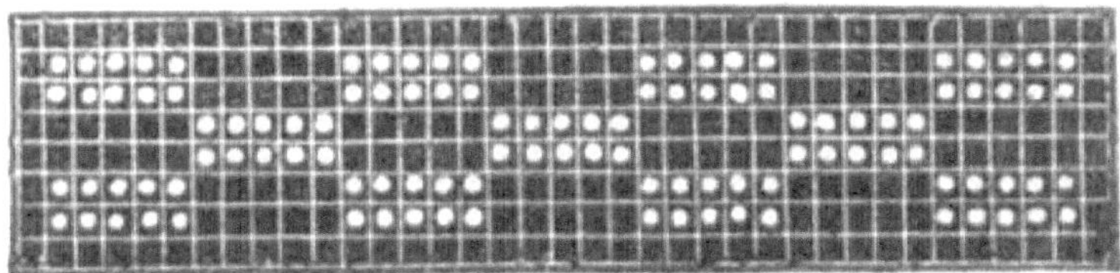

Nr. 28.

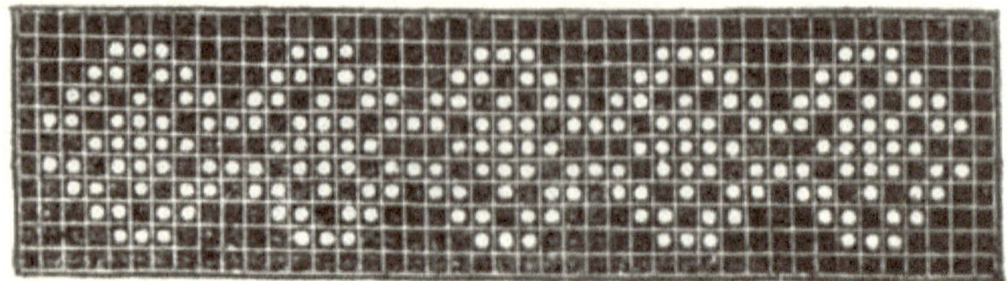

Nr. 29.

Häkeln Sie zwei weitere Reihen mit offenem Häkelmuster in Hellgrün. Wiederholen Sie das Muster mit Stahlperlen und häkeln Sie zwei weitere Reihen mit offenem Häkelmuster. Damit ist ein Ende der Tasche fertig.

Die Mitte soll in einfacher Häkelarbeit ausgeführt sein.

Spiralförmige Häkel-Geldbörse.

Nr. 30.

Machen Sie eine Kette aus einhundertsiebzig Maschen in Seidenrolle. Häkeln Sie an den Anfang dieser Kette eine weitere kurze Kette (wie beim offenen Häkeln mit normalem Maschenmuster) aus drei Maschen, wobei die dritte Masche durch die vierte Masche der *Kette geht*, und arbeiten Sie drei normale Maschen. Häkeln Sie eine weitere Kette aus drei Maschen und führen Sie die letzte Masche wie zuvor durch die vierte Masche der *Kette*. Dies wird bis zum Ende der Reihe wiederholt.

Alle folgenden Reihen sind gleich, außer dass die einfachen Maschen der nächsten Reihe immer eine Masche vor der vorhergehenden liegen.

Spiralhäkeln kann variiert werden, indem man fünf oder sieben Maschen statt drei häkelt, wie oben beschrieben. Durch die Verwendung von Gold und die Verwendung von Seide in verschiedenen Farbtönen können auf diese Weise die elegantesten Geldbörsen und Taschen hergestellt werden.

Eine schlichte und offene Häkeltasche.

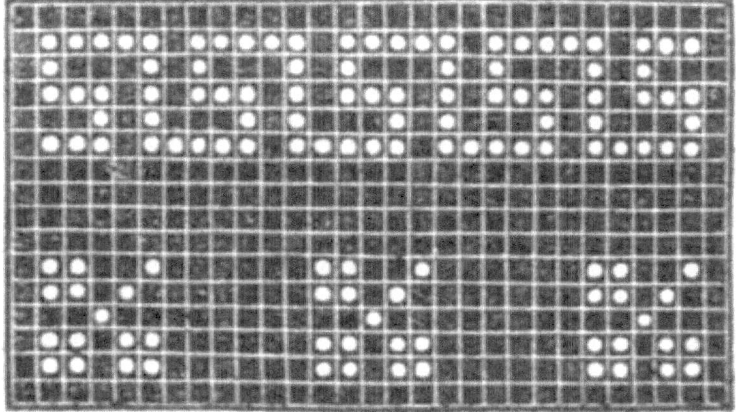

Nr. 31.

Beginnen Sie mit einer Reihe offener Häkelarbeit aus feiner Netzseide in einem matten Goldton. Stricken Sie eine Reihe normaler Häkelarbeit in Schwarz und fünf Reihen in Blau. Auf letzterer kann das obige Zweigmuster in Gold oder Stahlperlen gearbeitet werden. Eine einfache Reihe in Schwarz vervollständigt den Streifen.

Zwei Reihen offene Häkelarbeit in der Farbe Gold machen. Dann—

Sieben Reihen Schwarz mit griechischer Umrandung in Ponceau darauf, die einen zweiten Streifen bilden.

Wiederholen Sie die beiden Reihen der offenen Häkelarbeit in Goldfarbe und beginnen Sie erneut mit dem blauen Streifen wie zuvor.

Die Tasche sollte etwa 23 cm lang sein. Sie benötigen drei Stränge blaue Seide, zwei goldene, einen schwarzen und einen Ponceau-Seide. Die Seide sollte fein sein.

Eine andere Handtasche.

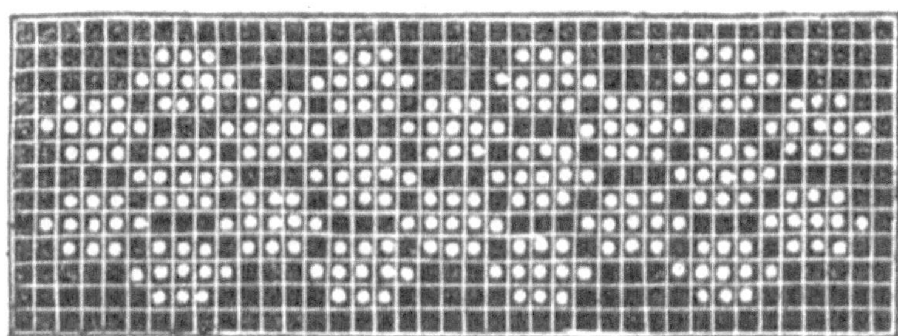

Nr. 32.

Häkeln Sie eine Reihe mit dreifachem, offenem Häkelmuster mit feiner weißer Netzseide über die gesamte Länge der Tasche. Dann zwei Reihen mit normalem Häkelmuster in Ponceau.

Häkeln Sie dreizehn Reihen in Weiß, wobei das obige Muster in Gold durchgeht.

Wiederholen Sie die beiden Reihen Ponceau; – dann drei Reihen offene Häkelmaschen mit dreifachem Muster – die erste in Weiß; die zweite in Ponceau; die dritte in Weiß.

Wiederholen Sie das Muster usw., und wenn die Tasche breit genug ist, beenden Sie sie mit einer Reihe offener Dreifachhäkelmaschen in Weiß.

Häkeln Sie die beiden Seiten mit Ponceau bis zur Öffnung hoch. Stricken Sie dann eine einfache Reihe mit Ponceau um die Öffnung, um die Tasche zu verstärken und ihr Einheitlichkeit zu verleihen.

Bei normaler Verwendung können die Farben in Blau und Weinrot geändert werden.

Ein runder D'Oyley oder Mat.

Beginnen Sie mit einer Kette aus sechs Maschen aus schwarzem 8-fädigem Vlies. Verbinden Sie beide Enden. Häkeln Sie rundherum und nehmen Sie bei jeder Masche zu, für die *erste Reihe* .

Das Muster kann in drei Scharlachtönen auf einem blauen Hintergrund mit drei Schattierungen gebildet werden, wobei sich der dunkelste Scharlachton auf dem hellsten Blauton befindet.

Zweite Reihe – abwechselnd eine Masche in Dunkelscharlachrot und zwei Maschen in Hellblau – bildet den Anfang eines sechszackigen Sterns.

Dritte Reihe – drei Stiche in Dunkelscharlachrot und zwei in Blau.

Vierte Reihe – fünf Maschen in einem helleren Scharlachrot und zwei in Blau.

Fünfte Reihe – fünf Maschen in dem helleren Scharlachrot und drei in dem zweiten Blauton.

Sechste Reihe – drei Maschen des hellsten Scharlachrots und sechs des zweithellsten Blaus.

Siebte Reihe – eine Masche im hellsten Scharlachrot und acht im dunkelsten Blau.

Achte Reihe – eine einfache Reihe in dunkelstem Blau.

Drei schlichte schwarze Reihen runden den D'Oyley ab.

In jeder Reihe müssen Maschenzunahmen in Blau gemacht werden, ebenso in den einfachen Reihen in Schwarz.

Ein Kanzleiraum.

Vierfädiges Vlies mit Stahlnadel.

Es ist unmöglich, die genaue Anzahl der Stiche für den Anfang einer Kanzel anzugeben, da jede Reihe anders ist. Es ist daher ratsam, die Form als Muster aus steifem Papier auszuschneiden – zuerst die Oberseite und dann den Rand. An den Stellen, an denen die Breite der Arbeit vergrößert werden muss, sollte dies durch einen zusätzlichen Stich auf jeder Seite erfolgen. Die Stiche des Randes müssen in entgegengesetzter Richtung zu denen der Oberseite gearbeitet werden, wie in der vorhergehenden Gravur gezeigt. – Das folgende Muster eignet sich für eine Kanzel.

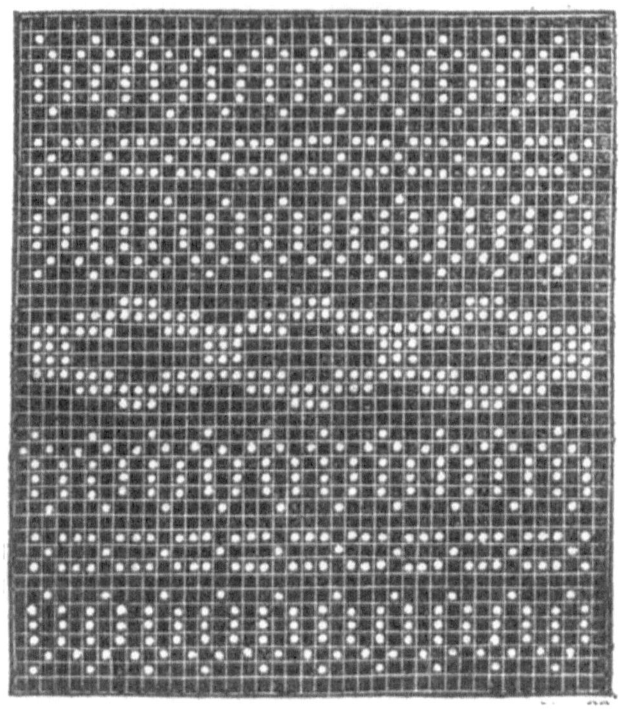

Nr. 33.

Beginnen Sie an der Spitze, indem Sie zwei einfache Reihen Grund in Scharlachrot stricken und den Mittelstreifen des beigefügten Musters in leuchtendem Grün auf den gleichfarbigen Grund häkeln.

Der Grund des nächsten Streifens ist schwarz, darauf wird das Muster in drei Goldtönen gearbeitet.

Stricken Sie eine einfache Reihe in Mittelblau, das gleichzeitig den Grund des kleinen Kettenmusters bildet, mit Ausnahme der mittleren Reihe, die weinrot ist. Die Kette ist weiß.

Stricken Sie eine einfache Reihe in Weinrot und wiederholen Sie dann den zweiten Streifen wie zuvor, nur mit umgekehrten Farben.

Die oben aufgeführten Farben sind bei guter Wahl außerordentlich hübsch, können aber auch nach Lust und Laune variiert werden.

Das Pantoffelmuster Nr. 23 sowie das türkische Muster Nr. 12 eignen sich gleichermaßen für eine Kanzel.

Der Chor sollte auf einem sehr festen Untergrund gefertigt und zwischen dem Futter und der Arbeit mit Wolle ausgestopft werden: Das Innere sollte separat gefertigt und im *Brioche-* Stich mit sechs- oder achtfädigem Vlies gestrickt werden. Die Hermelinkrause oder -besatzung aus Kammgarn kann leicht beschafft werden, aber wenn dies nicht ohne weiteres möglich ist, ist eine dicke gestrickte Franse, drei- oder viermal doppelt gestrickt, ein guter Ersatz. Der Boden besteht aus Leder oder Stoff.

Ein quadratisches Randmuster.

Das beigefügte Muster ist für jedes Quadrat geeignet, das einen Rand benötigt, wie z. B. eine Tischdecke, eine Matte, eine Steppdecke, ein Sofakissen, ein Couvre-pied usw. Um es einfacher zu machen, kann die Mitte in den gleichen Farben wie der Rand gearbeitet werden, wobei ein beliebiger Punkt, ein Zweig oder ein anderes kleines Muster eingefügt wird – die gleichen Farben werden durch das Ganze geführt oder auf der Rückseite eingefügt. Wenn jedoch der Plan, die Farbe nur in das Muster einzubringen, verstanden wird, kann er hier mit Vorteil angewendet werden.

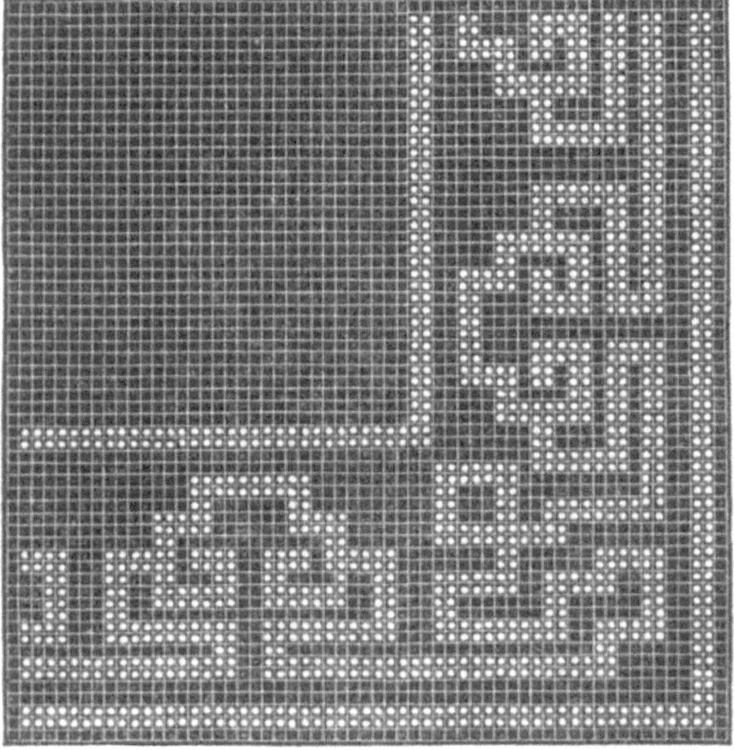

Nr. 34.

Der Grund des Musters könnte einfarbig sein, beispielsweise weiß, mit dem Muster in Scharlachrot; oder der Grund könnte in fünf Scharlachrottönen sein, wobei das Muster je nach Geschmack oder Zweck, für den das Werk entworfen wurde, in Smaragdgrün, Blau, Weiß oder Schwarz gehäkelt wird. Das gesamte Muster könnte auch in Chiné oder schattierter Wolle gearbeitet werden.

Die zu verwendende Wollsorte muss dem Verwendungszweck der Arbeit angepasst sein; für eine Steppdecke oder ein Steppdeckenset braucht man also sechsfädiges Vlies, für eine Matte achtfädiges gewöhnliches Vlies, für eine Tischunterlage deutsche Wolle und für eine Babydecke oder ein Sofakissen achtfädiges Zephyr-Vlies.

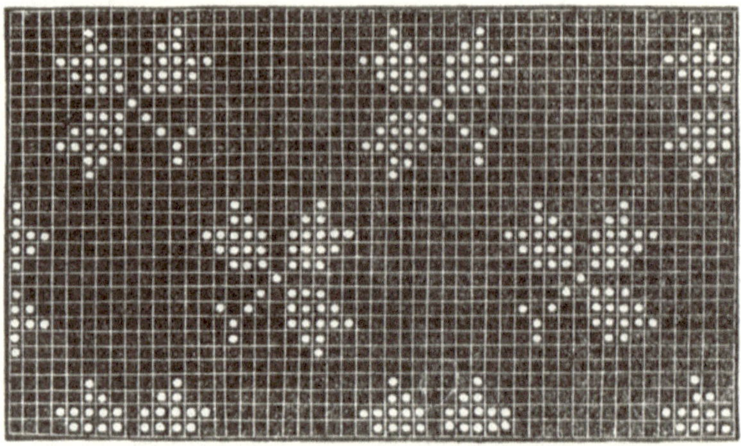

Nr. 35.

Für die Mitte des Musters kann entweder das vorhergehende Zweigmuster oder die Muster Nr. 20 oder 39 verwendet werden. Wenn der Grund in Schattierungen gearbeitet wird, sollten fünf Schattierungen einer beliebigen Farbe gewählt werden, die weder zu deutlich noch zu dunkel sein dürfen.

Diese Bordüre eignet sich gut zum Rippen- oder Rautenhäkeln, wie auf Seite 57 beschrieben .

Eine Tischdecke, ein Kissen oder eine Matte.

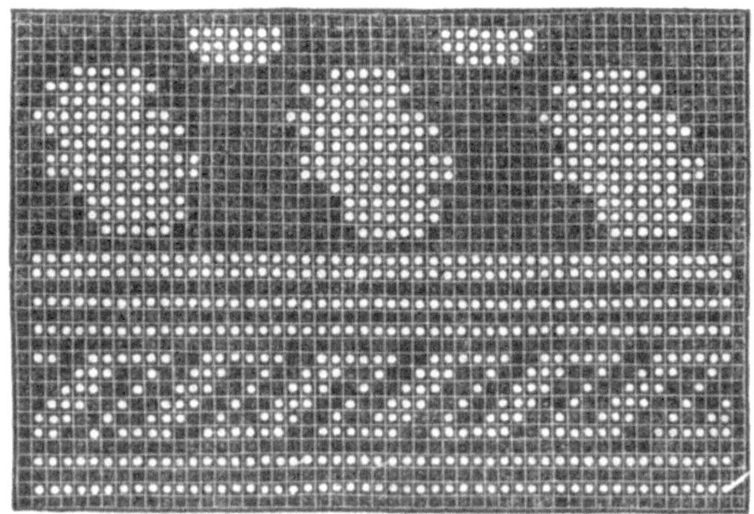

Nr. 36.

Beginnen Sie mit einer Kette und einer Reihe in Schwarz. Häkeln Sie vier einfache Reihen – eine weiße, eine hellgrüne, eine weiße und eine schwarze. Letztere bildet den Grund des Randes – das Muster darauf ist in drei Scharlachtönen gehalten – zwei Reihen von jeder, beginnend mit der dunkelsten. Eine einfache Reihe in Schwarz schließt den Rand ab.

Stricken Sie sechs einfache Reihen: die erste grün, die zweite weiß, die dritte grün, die vierte schwarz, die fünfte weiß und die sechste scharlachrot.

Der Grund in der Mitte kann goldfarben sein und mit einer einfachen Reihe beginnen. Die Farben des darauf abgebildeten Kiefernmusters sind wie folgt:

Erste Reihe – mittleres Blau.

Zweite Reihe – hellblau.

Dritte Reihe – dunkles Scharlachrot.

Vierte Reihe – helles Scharlachrot.

Fünfte Reihe – vier Maschen mittelgrün, drei weiße, vier mittelgrün.

Sechste Reihe – vier Maschen hellgrün, drei weiß, vier hellgrün.

Siebte Reihe – drei Maschen in Lila, zwei in Schwarz, drei in Lila.

Achte Reihe – vier Maschen in helllila, zwei in schwarz, vier in helllila.

Neunte Reihe – mittleres Grün.

Zehnte Reihe – hellgrün.

Elfte Reihe – dunkles Scharlachrot.

Zwölfte Reihe – helles Scharlachrot.

Kleine Tischdecke mit Kiefernmuster.

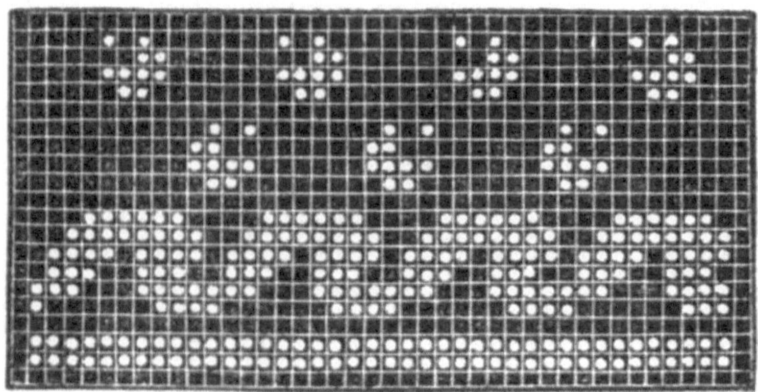

Nr. 37.

Die Kette und *die erste Reihe* – schwarz.

Zweite Reihe – scharlachrot.

Dritte Reihe – weiß.

Vierte Reihe – leuchtendes Blau, das sich durch die nächsten drei Reihen fortsetzt und den äußeren Grund der Bordüre bildet. Das Muster der Bordüre ist in Scharlachrottönen gehalten.

Fünfte und sechste Reihe – Blau und Dunkelscharlachrot.

Siebte Reihe – Blau, leuchtendes Scharlachrot und Braungrau – letztere bildet den inneren Grund der Bordüre.

Achte Reihe – leuchtendes Scharlachrot und Graubraun. Der einzelne Stich oben auf dem blauen Grund ist weiß.

Neunte und zehnte Reihe – Hellscharlachrot und Graubraun.

Elfte Reihe – einfarbig, das auch den Hintergrund der Mitte bildet.

Die Farben für das kleine Kiefernmuster in der Mitte sind Schwarz, zwei Blautöne und Weiß.

In der nächsten oder umgekehrten Reihe des Musters können die Farben wie folgt variiert werden: Schwarz, zwei Scharlachtöne und Weiß.

Streifen mit Rollmuster für eine Tasche.

Beginnen Sie mit der Kette und *der ersten Reihe* (hellgrün).

Zweite Reihe – scharlachrot.

Dritte Reihe – grün.

Vierte, fünfte und sechste Reihe : offenes Dreifachhäkeln mit Gold.

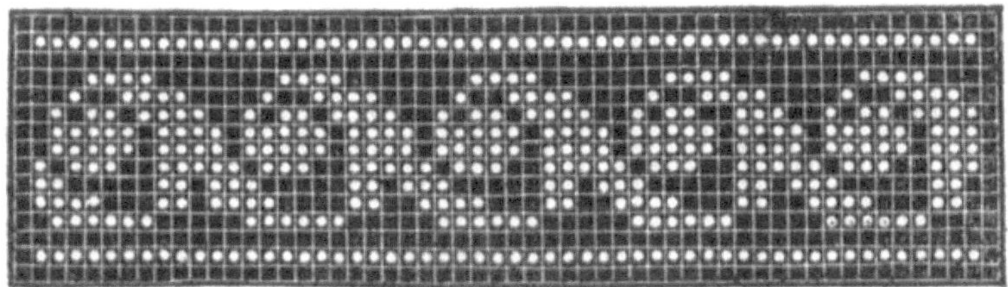

Nr. 38.

Siebte, achte und neunte Reihe – wiederholen Sie die erste, zweite und dritte Reihe. Dann häkeln Sie einen Streifen, bestehend aus elf Reihen, mit dem obigen Muster in totem Gold auf violettem Grund. Da diese Streifen senkrecht verlaufen, sollte die Position der Schnörkel im Muster am Boden der Tasche umgekehrt werden, damit sie auf beiden Seiten gleich aussehen.

Diese Tasche kann in verschiedenen Farbkombinationen gearbeitet werden, sehr hübsch wird es, wenn das Muster in schattierter oder Chiné-Seide gearbeitet wird und die Streifen abwechselnd in zwei verschiedenen Farben ausgeführt werden.

Es ist auch gut zu beachten, dass die einfache Linie auf beiden Seiten der Spirale, wie in diesem und vielen anderen Mustern gezeigt, vorteilhafterweise weggelassen werden kann. Sie wurde daher in den vorhergehenden Anweisungen nicht erwähnt.

Ein nützliches Sprig-Muster.

Nr. 39.

Das obige Zweigmuster eignet sich gut für Taschen und eine Vielzahl anderer Zwecke. Es kann in zwei Grüntönen und drei Rosatönen wie folgt gearbeitet werden:

Erste Reihe – erste Masche dunkelgrün, zweite hellgrün.

Zweite Reihe – eine Masche hellgrün: zwei dunkelgrün; – zwei hellgrün; eine dunkelgrün; – drei dunkelgrün.

Dritte Reihe – zwei Maschen hellgrün; drei dunkelgrün; – zwei hellgrün; zwei dunkelgrün.

Vierte Reihe – drei Maschen hellgrün; zwei dunkelgrün; – zwei dunkelgrün.

Fünfte Reihe – vier Maschen hellgrün; eine dunkelgrün; eine dunkelgrün; zwei dunkelgrün.

Sechste Reihe – dunkelgrün.

Siebte Reihe – drei Maschen dunkelrosa; eine dunkelgrün; eine dunkelgrün; zwei dunkelgrün.

Achte Reihe – drei Maschen dunkelrosa, eine dunkelgrün, eine mittelrosa und eine hellgrün.

Neunte Reihe – drei Maschen dunkelrosa, drei mittelrosa, eine hellgrün.

Zehnte Reihe – eine Masche dunkelgrün; – drei mittelrosa; – zwei hellgrün.

Elfte Reihe – drei Maschen hellrosa, drei mittelrosa, drei hellgrün.

Zwölfte Reihe – drei Maschen hellrosa; – zwei hellgrün.

Dreizehnte und vierzehnte Reihe – hellrosa.

Eine Tragetasche.

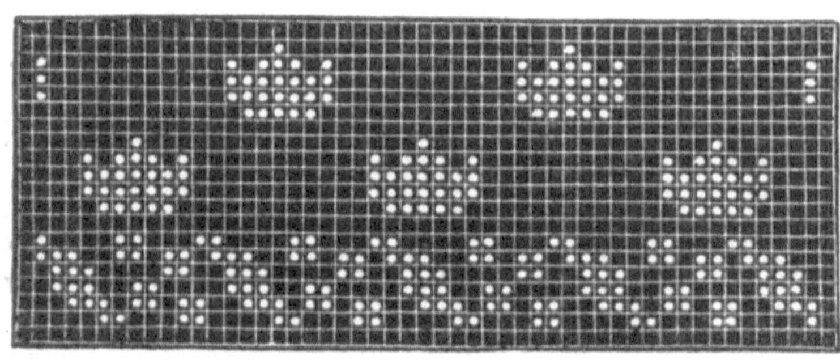

Nr. 40.

Das obige Muster kann mit deutscher Wolle oder Häkelseide gearbeitet werden. Wenn Sie eine praktische und haltbare Tasche wünschen, werden Sie feststellen, dass die folgenden Farben auf schwarzem Untergrund gut funktionieren. – Beginnen Sie mit einer Kette und zwei Reihen Schwarz. Häkeln Sie das Randmuster wie folgt: –

Erste Reihe – eine Masche scharlachrot, vier schwarz, zwei mittelgrün, drei schwarz, eine scharlachrot. – Wiederholen.

Zweite Reihe – drei Stiche scharlachrot, zwei schwarze, zwei hellgrüne, einer schwarz, zwei lila, einer schwarz. – Wiederholen.

Dritte Reihe – eine Masche schwarz, drei scharlachrot, vier schwarz, zwei weiß, eine schwarz. – Wiederholen.

Vierte Reihe – eine Masche schwarz; drei scharlachrot; zwei schwarz; zwei lila; drei schwarz. – Wiederholen.

Fünfte Reihe – zwei schwarze Maschen, drei scharlachrote, eine schwarze, zwei weiße, eine schwarze, zwei mittelgrüne. – Wiederholen.

Sechste Reihe – vier schwarze Maschen, zwei scharlachrote, drei schwarze, zwei hellgrüne. – Wiederholen.

Häkeln Sie eine einfache Reihe in Schwarz. Arbeiten Sie das Zweigmuster in den gleichen Farben wie die Umrandung, und ordnen Sie sie in der folgenden Reihenfolge an: *erste Reihe* – Scharlachrot; *zweite* – Mittelgrün; *dritte* – Hellgrün; *vierte* – Lila; *fünfte* – Weiß.

Bei Verwendung deutscher Wolle kann das Weiß mit Florseide bearbeitet werden.

Eine weitere Tischdecke.

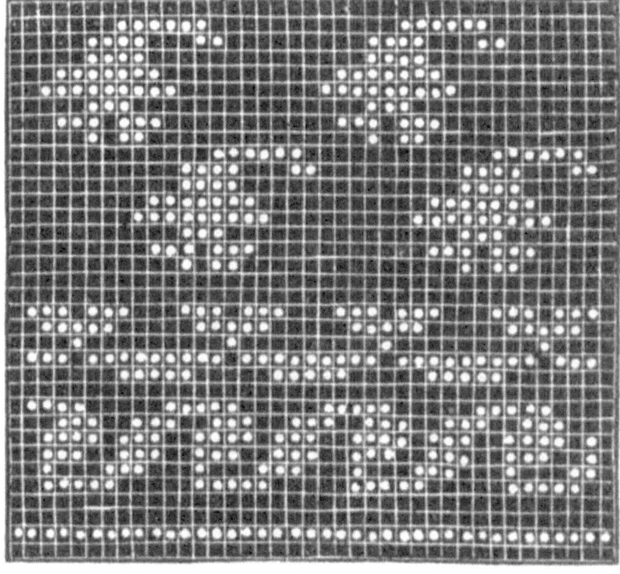

Beginnen Sie mit einer Kette und einer einfachen Reihe in Schwarz. Stricken Sie zwei einfache Reihen in Scharlachrot und beginnen Sie in der nächsten Reihe mit dem Muster der ersten Umrandung in Schwarz. Der äußere Grund der Umrandung ist Scharlachrot, der innere Grund der Umrandung ist Weiß. Drei Wollen werden gleichzeitig gestrickt.

Zwischen den beiden Randmustern eine einfarbige Reihe in Weiß arbeiten.

Das zweite Randmuster ist in zwei Blautönen gehalten – die ersten beiden Reihen befinden sich auf dem ehemaligen weißen Grund, die letzten drei auf dem schwarzen Grund, der die Mitte bildet. Beginnen Sie die Mitte mit:

Zwei einfache Reihen in Schwarz. Beginnen Sie dann auf dem schwarzen Grund mit dem Palmenmuster wie folgt:—

Erste Reihe – mittleres Grün.

Zweite Reihe – hellgrün.

Dritte Reihe – leuchtendes Scharlachrot.

Vierte Reihe – scharlachrot, die mittlere Masche weiß.

Fünfte Reihe – drei blaue Maschen, zwei weiße, zwei blaue.

Sechste Reihe – blau.

Siebte Reihe – Goldfarbe.

Achte Reihe – gelb.

Dieses Muster erfordert drei verschiedenfarbige Wollen in vielen Reihen. Es ist sehr schön. Die Seitenränder können angehäkelt werden.

Es sollte ein sechsfädiges Vlies und eine Stahlnadel verwendet werden.

Eine Brioche.

Eine Brioche (so genannt aufgrund ihrer Ähnlichkeit mit dem bekannten französischen Kuchen gleichen Namens) kann genauso einfach gehäkelt wie gestrickt werden. Sie kann auch in Streifen oder Fächer unterteilt werden, deren Breite nach oben oder zur Mitte des Kissens hin allmählich abnimmt, genau wie bei der gestrickten Brioche. In diese Streifen können verschiedene Muster eingebracht werden, aber wenn ein sehr weiches Kissen gewünscht wird, ist dies nicht ratsam, da die zusätzliche Wolle, die dann durch die Arbeit geführt werden muss, ihm eine zu feste Textur verleihen würde.

Die folgenden Anweisungen zum Häkeln einer Brioche sind sehr einfach, dienen aber gleichzeitig als Leitfaden für anspruchsvollere Projekte.

Beginnen Sie mit einer Kette aus siebzig Maschen in achtfädigem Zephyr-Fleece – Schwarz.

Erste Reihe – schwarz.

Zweite Reihe – Goldfarbe.

Dritte Reihe – schwarz.

Die drei obigen Reihen sind alle gleich lang. Häkeln Sie dann fünfzehn Reihen in einer beliebigen schönen Farbe, wobei Sie am Ende der ersten und jeder weiteren Reihe vier Maschen auslassen, so dass in der letzten dieser fünfzehn Reihen nur zehn Maschen übrig bleiben.

Wiederholen Sie die Reihe in Schwarz und nehmen Sie dabei die vier Maschen auf, die an den Enden der letzten fünfzehn Reihen ausgelassen wurden, sowie die vier Maschen am oberen Rand der letzten Reihe in Schwarz. Häkeln Sie eine Reihe in Goldfarbe und eine Reihe in Schwarz, wie am Anfang, wenn ein Fach der Brioche fertiggestellt ist und einen konischen Streifen bildet.

Wiederholen Sie die fünfzehn Reihen, lassen Sie dabei die vier Maschen am Ende jeder Reihe aus, wie zuvor angegeben, und fahren Sie wie oben beschrieben fort, bis Sie sechzehn ähnliche Fächer gearbeitet haben. Dies reicht für eine Brioche normaler Größe aus.

Die Farben der Streifen können variiert werden, so dass Blau, Braun, Scharlachrot und Steinfarbe in ihrer Reihenfolge, viermal wiederholt, einen sehr schönen Kontrast bilden. Der Trennstreifen zwischen den Streifen besteht aus zwei schwarzen Reihen mit einer goldenen Reihe dazwischen. Es kann auch Chiné- oder Ombré-Wolle verwendet werden.

Wenn die Brioche fertig ist, kann sie entweder ganz weich sein oder einen steifen Boden aus Pappe mit einem Durchmesser von etwa 15 bis 20 cm haben, der mit Stoff oder Samt überzogen ist. Die Oberseite sollte zusammengezogen und in der Mitte entweder mit einem Büschel weicher Wolle oder mit einer Kordel und Quasten befestigt werden, wie in der vorhergehenden Gravur dargestellt. Sie sollte mit Daunen oder feiner gekämmter Wolle gefüllt sein.

Eine weitere Tasche mit Streifen.

Nr. 42.

Das obige Muster lässt sich sehr leicht in senkrechten Streifen für eine Tasche arbeiten, wobei die Streifen durch zwei Reihen offener Dreifachhäkelmaschen in Gold getrennt sind. Jede Seite der Tasche besteht aus vier Streifen des obigen Musters und fünf Streifen offener Dreifachhäkelmaschen. Da letztere jedoch den äußeren Rand an der Seite der Tasche bilden und nicht ohne Grundlage gearbeitet werden können, muss mit dem gemusterten Streifen in Seide begonnen und anschließend die offenen Dreifachhäkelmaschen in Gold auf beiden Seiten davon geöffnet werden. – Daher:

Beginnen Sie mit einer Kette aus dunkelgrüner Netzseide. – Die Anzahl der Stiche muss von der Größe der verwendeten Seide abhängen, aber eine Kette von etwa zwölf Zoll Länge wird für eine Tasche dieser Art ausreichend sein. Die Tasche sollte in einer Länge gestrickt werden.

Erste Reihe – dunkelgrün.

Zweite Reihe : abwechselnd zwei Maschen in Ponceau und zwei in Dunkelgrün.

Dritte Reihe – Ponceau.

In der vierten Reihe beginnt das Muster mit zwei Farben: Der Wellenteil des Musters ist dunkelgrün, die Glocke hat einen helleren Grünton und der Grund ist Ponceau. Alternativ kann das Muster auch in Chiné-Grüntönen gearbeitet werden.

Acht Reihen vervollständigen das Muster, wobei eine einfache Reihe Ponceau, eine Reihe mit zwei abwechselnden Stichen in Ponceau und Grün und eine einfache Reihe in Grün den Streifen beenden.

Häkeln Sie zwei Reihen offene Stäbchen in Gold und beginnen Sie erneut mit dem Muster in Seide.

Wenn die Tasche fertig ist, misst sie etwa 15 cm im Quadrat. Sie sollte oben gesäumt, gefüttert und mit Schnüren und Quasten versehen werden.

Das Muster Nr. 24 lässt sich in gleicher Weise für eine Tasche dieser Art verwenden. In der Mitte der Arbeit sollte das Muster jedoch umgekehrt werden, damit das Muster beim Zusammenfalten der beiden Seiten der Tasche in die gleiche Richtung verläuft, wie es für die Tasche auf Seite 113 beschrieben ist .

Eine ähnliche Tasche.

Eine sehr einfache, aber äußerst elegante Tasche mit senkrechten Streifen kann hergestellt werden, indem man beginnt mit—

Kette und *erste Reihe* – scharlachrot.

Zweite Reihe – Gold.

Häkeln Sie elf einfache Reihen in Scharlachrot.

Vierzehnte Reihe – Gold.

Fünfzehnte Reihe – scharlachrot.

Häkeln Sie auf jeder Seite des so entstandenen Bandes zwei Reihen offene Stäbchen in Gold.

Vier einfache scharlachrote Streifen und fünf offene Häkelstreifen, angeordnet wie im vorhergehenden Beispiel, vervollständigen die Tasche.

Eine Tasche mit fünf Punkten.

Beginnen Sie mit einer Kette aus acht Maschen: Nachdem Sie die Enden verbunden haben, machen Sie aus jeder zweiten Masche eine dreifach erhöhte Masche, indem Sie drei Maschen in eine Schleife häkeln. Fahren Sie mit der Zunahme auf ähnliche Weise fort, bis Sie 28 Reihen gestrickt haben, und achten Sie dabei darauf, dass die zunehmenden Maschen genau übereinander liegen. Dabei entsteht ein Punkt in der Mitte und ein Punkt am Ende jeder Reihe von Trennmaschen. Der verbleibende Teil der Tasche wird in Runden gestrickt, bis er ausreichend hoch ist.

Am schönsten lässt sich diese Taschenart mit Stahl- oder Goldperlen bearbeiten.

Als Mittelpunkt jeder Punkteaufteilung kann folgendes Kiefernmuster angenommen werden.

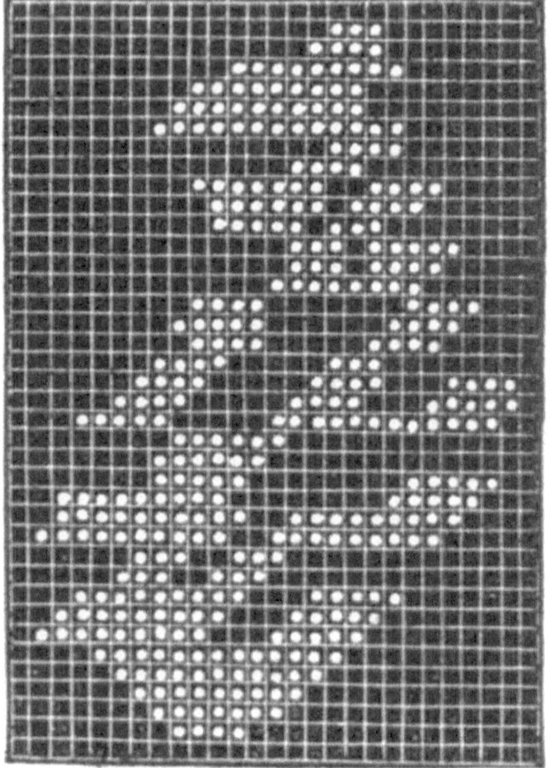

Nr. 43.

Der obere Teil der Tasche kann aus Semé bestehen und ein Perlenmuster aufweisen, beispielsweise wie folgt.

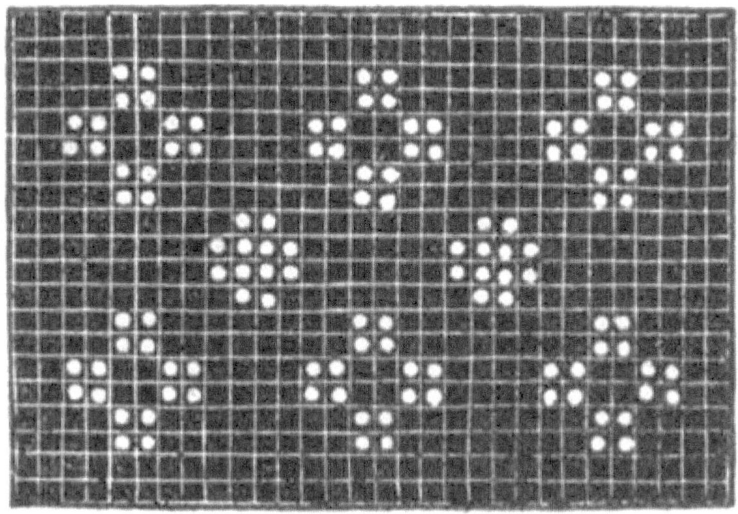

Nr. 44.

Die Oberseite kann mit drei einfachen Reihen Häkelarbeit oder mit einem beliebigen kleinen Randmuster aus Perlen, ähnlich den unten abgebildeten, fertiggestellt werden. Es gibt jedoch an verschiedenen Stellen im Buch mehrere andere Muster, die für diesen Zweck gleichermaßen geeignet sind und die je nach dem Geschmack des Arbeiters ausgewählt werden können.

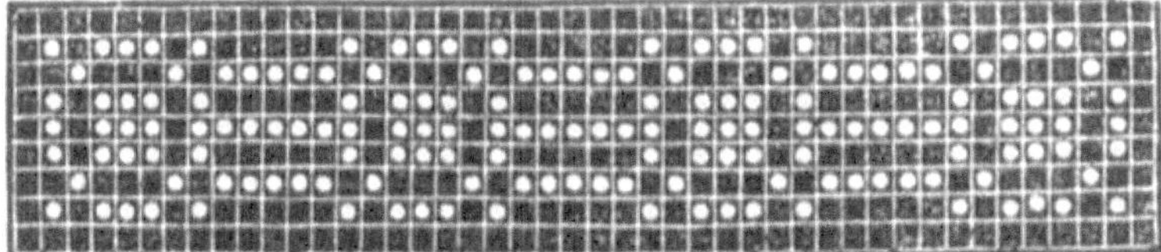

Nr. 45.

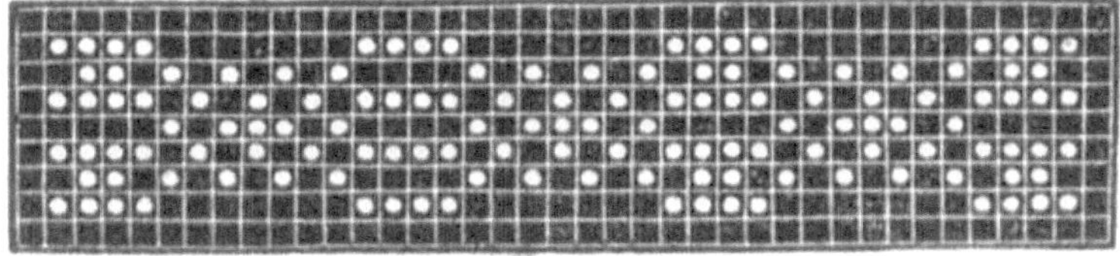

Nr. 46.

Eine Tasche aus offener Dreifachhäkelarbeit.

Diese Tasche sollte in einem langen Stück gearbeitet und anschließend so zusammengefaltet werden, dass die Reihen senkrecht verlaufen; auf die gleiche Weise, wie auf Seite 123 beschrieben .

Beginnen Sie mit einer Kette in Ponceau.

- *Erste Reihe* – Gold.

- *Zweite Reihe* – tiefblau.

- *Dritte Reihe* – Ponceau.

- *Vierte Reihe* – tiefblau.

- *Fünfte Reihe* – Gold.

- *Sechste Reihe* – Ponceau.

- *Siebte Reihe* – schwarz.

- *Achte Reihe* – Ponceau.

Dreifach offenes Häkeln.

Wiederholen Sie dies ab der ersten Reihe, bis die Tasche eine ausreichende Breite hat.

Muster in offenem Häkeln.

Offene Häkelarbeiten sowie offene Doppel- und Dreifachhäkelarbeiten wurden bereits ausführlich beschrieben (siehe Seite 16). Die beiden folgenden Muster sind, neben zahlreichen anderen mit ähnlicher Beschreibung, lediglich Variationen einer ähnlichen Art von Arbeit:

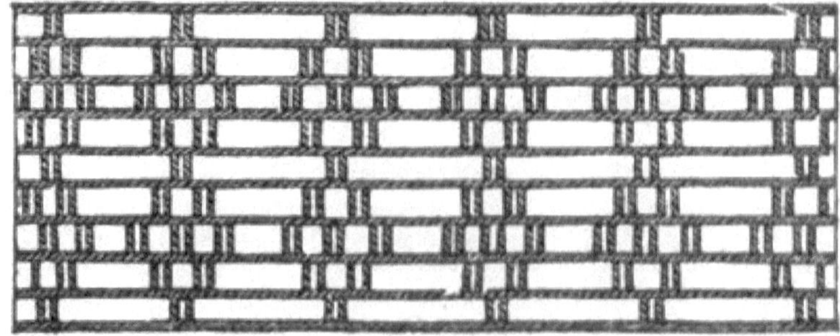

Nr. 47.

Es ist daher unnötig, auf eine detaillierte Beschreibung einzugehen, da dies zu viel Platz einnehmen würde, und die Gravuren erklären sich selbst ausreichend. Diese Muster sind für eine Vielzahl von Zwecken nützlich, insbesondere für die Arbeit mit Baumwolle, für Tidies, D'Oyleys usw.

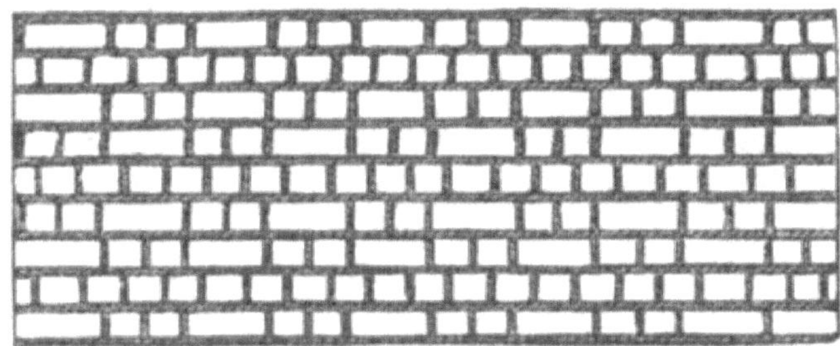

Nr. 48.

Ein Reisekissen.

Zuerst sollten die beiden runden Enden bearbeitet werden. Beginnen Sie mit einer Kette aus sechs Maschen in schwarzem Vierfaden-Vlies: Verbinden Sie beide Enden und häkeln Sie rundherum, wobei Sie in der *ersten Reihe bei jeder Masche zunehmen*.

Das Muster wird dann in drei Scharlachtönen auf einem Grund aus drei Grüntönen gearbeitet, wobei der dunkelste Scharlachton auf dem hellsten Grünton liegt.

Zweite Reihe – eine Masche dunkelscharlachrot, zwei hellgrün. – Wiederholen. – Dies bildet den Anfang eines sechszackigen Sterns.

Dritte Reihe – drei Stiche in Dunkelscharlachrot, zwei in Hellgrün. – Wiederholen.

Vierte Reihe – fünf Maschen in mittlerem Scharlachrot, zwei in hellgrün. – Wiederholen.

Fünfte Reihe – fünf Maschen in mittlerem Scharlachrot, drei in mittlerem Grün. – Wiederholen.

Sechste Reihe – drei Maschen hellrot, sechs mittelgrün. – Wiederholen.

Siebte Reihe – eine Masche in Hellscharlachrot, acht in Dunkelgrün. – Wiederholen.

Achte Reihe – dunkelgrün.

Den Abschluss bilden zwei schlichte schwarze Reihen.

Achtung: In jeder Reihe sind Zunahmemaschen in Grün zu machen, wie auch in den einfachen Reihen in Schwarz.

Wenn Sie die beiden Enden fertiggestellt haben, machen Sie eine Kette von ungefähr 16 Zoll Länge in Schwarz und arbeiten Sie den anderen Teil des Polsters wie folgt:

Erste Reihe – schwarz.

Zweite Reihe – dunkelgrün.

Dritte Reihe – mittleres Grün.

Vierte Reihe – hellgrün.

Fünfte Reihe – weiß.

Wiederholen Sie die ersten vier Reihen – umgekehrt.

Zehnte und elfte Reihe – scharlachrot.

Zwölfte Reihe – beginnen Sie ein Muster, indem Sie abwechselnd sechs scharlachrote und vier schwarze Maschen stricken.

Dreizehnte Reihe – sieben Maschen scharlachrot (a); vier gelbe; sechs scharlachrot. – Ab (a) wiederholen.

Vierzehnte Reihe – sechs Maschen scharlachrot, vier schwarz. – Wiederholen.

Fünfzehnte Reihe – sieben Maschen scharlachrot; (b) vier hellgrün; sechs scharlachrot. – Ab (b) wiederholen.

Sechzehnte und siebzehnte Reihe – scharlachrot.

Beginnen Sie erneut wie bei der ersten Reihe und wiederholen Sie den Vorgang, bis ein Stück lang genug ist, um die Enden problemlos zu umrunden.

Das Nackenkissen wird mit Daunen oder weicher Wolle ausgestopft. An beiden Enden wird ein langes Häkelband befestigt, das ähnlich wie der grün schattierte Streifen gearbeitet ist. In der Mitte befindet sich ein kleiner Kammgarnbüschel als Verzierung.

Taschen, die auf ähnliche Weise wie die oben beschriebenen gearbeitet sind, werden häufig hergestellt; diese müssen jedoch nicht so lang sein. Sie werden an der Öffnung mit Schnüren oder Knöpfen befestigt. Sie können aus achtfädigem Zephyr-Fleece hergestellt werden.

Ein Pantoffel im erhabenen Häkelmuster.

Das Häkeln mit erhabenen oder gerippten Maschen wurde bereits auf Seite 57 beschrieben . Um einen Pantoffel zu häkeln, beginnen Sie mit einer Kette aus sieben Maschen und häkeln Sie 46 Reihen vorwärts und rückwärts. Achten Sie dabei darauf, in der mittleren Masche jeder Reihe drei Maschen in einer Schleife zu machen. Dadurch wird in jeder folgenden Reihe eine ausreichende Zunahme erreicht, um die Vorderseite des Pantoffels zu bilden, und gleichzeitig werden die gerippten Reihen auf beiden Seiten in gleichmäßiger diagonaler Richtung ausgeführt.

Nachdem Sie die Vorderseite des Schuhs fertiggestellt haben, häkeln Sie auf der rechten Seite eine Reihe von 26 Maschen und stricken Sie eine ausreichende Anzahl von Reihen (etwa 90), um die Rückseite zu bilden. Das Ende dieses Bandes wird dann an die andere Seite der Vorderseite genäht.

Die Sohle des Pantoffels kann entweder aus Leder oder aus grober Wolle gehäkelt werden. Letzteres ist am einfachsten, indem man die Form aus steifem Papier ausschneidet und sie dann auf die genaue Größe bearbeitet. Die Oberseite des Pantoffels kann mit einem Hermelinbesatz aus Kammgarn versehen werden.

Ein halbquadratischer Schal.

Beginnen Sie mit einer Kette aus neunhundert Maschen aus schwarzem, achtfädigem Zephyr-Fleece.

Erste Reihe – schwarz.

Zweite und dritte Reihe – weiß.

Häkeln Sie elf Reihen im Wechsel mit schwarzer und beliebiger hübscher Chinéwolle.

Vierzehnte und fünfzehnte Reihe – weiß.

Sechzehnte und siebzehnte Reihe – grün.

Häkeln Sie elf Reihen, abwechselnd mit Scharlachrot und beliebiger heller Chinéwolle.

Neunundzwanzigste und dreißigste Reihe – grün.

Einunddreißigste und zweiunddreißigste Reihe – schwarz.

Häkeln Sie elf Reihen abwechselnd mit weißer und Chinéwolle.

Vierundvierzigste und fünfundvierzigste Reihe – schwarz.

Sechsundvierzigste und siebenundvierzigste Reihe – rot.

Häkeln Sie elf Reihen abwechselnd mit grüner und einer Chinéwolle.

Neunundfünfzigste und sechzigste Reihe – Scharlachrot.

Ab der zweiten Reihe wiederholen.

Wenn man in der Mitte jeder Reihe eine Masche auslässt, nimmt der Schal beim Stricken eine spitze Form an, ähnlich einem halben Quadrat, wobei die Häkelreihen diagonal von beiden Seiten der Mitte aus verlaufen. Er kann mit einer schwarzen Franse von etwa zehn Zentimetern Breite verziert werden, die auf beiden Seiten aufgenäht wird.

Um das Streifenmuster wie oben beschrieben zu erzeugen, sollten vier verschiedene Chinéwollen in unterschiedlichen Farben verwendet werden.

Ein leichter Schal.

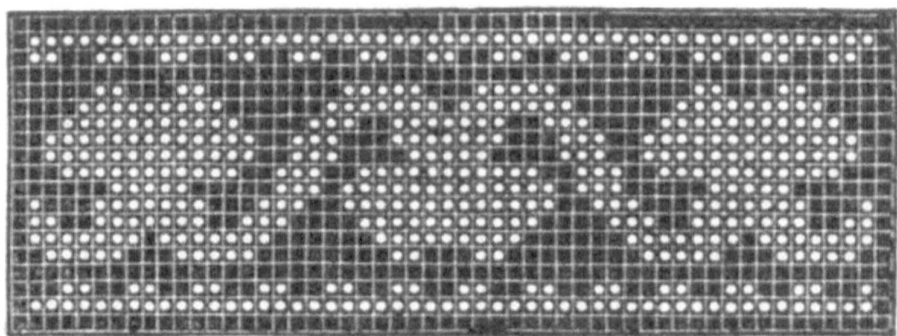

Nr. 49.

Es wird mit deutscher Wolle im offenen Häkelstich gearbeitet, jedoch ohne zwischen den Maschen eine Masche freizulassen, wie bei der herkömmlichen Methode.

Kette und *erste Reihe* – weinrot.

Zweite Reihe : zwei weinrote und zwei blaue Maschen, abwechselnd.

Dritte Reihe – blau.

Häkeln Sie das obige Muster in Weinrot auf blauem Grund.

Fünfzehnte Reihe – blau.

Sechzehnte Reihe : zwei weinrote und zwei blaue Maschen, abwechselnd.

Siebzehnte Reihe – Weinrot.

Ab der ersten Reihe wiederholen. – Im zweiten Streifen des Musters sollte anstelle von Blau Dunkelgold und anstelle von weinroter Wolle Schwarz verwendet werden. Auf diese Weise wird abwechselnd in jeder der beiden Farben ein Streifen gestrickt.

Bordüre für einen Schal.

Dies ergibt ein schönes Kiefernmuster für den Rand eines Schals aus deutscher Wolle auf schwarzem Grund.

Beginnen Sie mit der Kette und *der ersten Reihe* – tiefe Goldfarbe.

Zweite Reihe – schwarz.

Anschließend häkeln Sie die beigefügte Kiefer auf schwarzem Untergrund in den folgenden Farben.

Nr. 50.

Erste Reihe – Kaiserblau.

Zweite Reihe – hellerer Blauton.

Dritte Reihe – tiefes Scharlachrot.

Vierte Reihe – leuchtendes Scharlachrot.

Fünfte Reihe – dunkelgrün.

Sechste Reihe – mittleres Grün.

Siebte Reihe – dunkles Lila.

Achte Reihe – helles Lila.

Neunte und zehnte Reihe – zwei Steinfarbtöne.

Elfte und zwölfte Reihe – zwei Blautöne.

Dreizehnte und vierzehnte Reihe – zwei Scharlachtöne.

Dann stricken Sie eine einfache Reihe in Schwarz und eine einfache Reihe in Goldfarbe.

Um eine Spitze zu formen, wenn sie für den Rand eines halbquadratischen Schals gedacht ist, lassen Sie in der Mitte jeder Reihe einen Stich aus. Dies kann, wenn die Größe des Schals vor Beginn der Arbeit festgelegt wurde, leicht durchgeführt werden, ohne das Muster zu beeinträchtigen, da durch Berechnen der Anzahl der erforderlichen Stiche ein größerer Raum des Bodens, wo die Stiche zwischen den beiden mittleren Nadeln ausgelassen werden sollen, gelassen werden kann. Bei einem quadratischen Schal kann der Rand, falls gewünscht, separat gearbeitet und anschließend angenäht werden.
